LAMARTINE

MORCEAUX
CHOISIS

A L'USAGE DES CLASSES

HACHETTE & Cie — JOUVET & Cie

8° Ye
1001

LAMARTINE

MORCEAUX CHOISIS

A L'USAGE DES CLASSES

Cette édition est publiée par les soins de la Société propriétaire des Œuvres de M. de Lamartine.

BOURLOTON. — Imprimeries réunies, A, rue Mignon, 2, Paris.

LAMARTINE

MORCEAUX CHOISIS

À L'USAGE DES CLASSES

PARIS
HACHETTE ET CIE — FURNE, JOUVET ET CIE
ÉDITEURS

MDCCCLXXXV

AVIS DES ÉDITEURS

« On peut dès aujourd'hui parler de Lamartine comme d'un ancien », écrivait naguère M. de Laprade [1]. Et nous dirons comme lui que la poésie de Lamartine est entrée avec celle de Virgile et de Racine dans le domaine classique.

Ces paroles d'un poëte éminent justifie-

[1] *La Poésie de Lamartine*, par V. de Laprade, de l'Académie Française, in-8. 1872.

raient, s'il en était besoin, le livre que nous offrons à la jeunesse des écoles. Ce qu'on a fait pour Corneille, Boileau, Racine, La Fontaine, Jean-Baptiste Rousseau, nous avons pensé qu'on devait le faire pour le plus grand poëte lyrique de notre littérature, bien qu'il soit notre contemporain.

Dans le choix des pièces qui composent ce volume, il n'y a aucun parti pris exclusif. En relisant l'œuvre du poëte au point de vue de la jeunesse, nous avons noté ce qui pouvait rentrer dans notre cadre, et nous n'avons arrêté notre choix qu'après avoir pris l'avis des hommes qui connaissent le mieux les poésies de Lamartine et soumis notre travail à des professeurs du goût le plus éprouvé et de la plus haute compétence littéraire.

Il eût été aisé de multiplier les fragments. Nous nous sommes attachés de préférence à donner des pièces entières qui gardent dans les développements l'intérêt de la pensée de l'auteur.

Le texte a été soigneusement revu sur les meilleures éditions, et, dans les variantes, on s'est conformé, autant que possible, à l'édition *princeps*.

LAMARTINE

MORCEAUX CHOISIS

A L'USAGE DES CLASSES

1

HYMNE DE L'ENFANT

A SON RÉVEIL

O Père qu'adore mon père !
Toi qu'on ne nomme qu'à genoux ;
Toi dont le nom terrible et doux
Fait courber le front de ma mère ;

On dit que ce brillant soleil
N'est qu'un jouet de ta puissance ;
Que sous tes pieds il se balance
Comme une lampe de vermeil.

On dit que c'est toi qui fais naître
Les petits oiseaux dans les champs,
Et qui donne aux petits enfants
Une âme aussi pour te connaître.

On dit que c'est toi qui produis
Les fleurs dont le jardin se pare,
Et que sans toi, toujours avare,
Le verger n'aurait point de fruits.

Aux dons que ta bonté mesure
Tout l'univers est convié ;
Nul insecte n'est oublié
A ce festin de la nature.

L'agneau broute le serpolet,
La chèvre s'attache au cytise,
La mouche au bord du vase puise
Les blanches gouttes de mon lait ;

L'alouette a la graine amère
Que laisse envoler le glaneur,
Le passereau suit le vanneur,
Et l'enfant s'attache à sa mère.

Et, pour obtenir chaque don
Que chaque jour tu fais éclore,
A midi, le soir, à l'aurore,
Que faut-il ? Prononcer ton nom !

O Dieu ! ma bouche balbutie
Ce nom des anges redouté :
Un enfant même est écouté
Dans le chœur qui te glorifie.

On dit qu'il aime à recevoir
Les vœux présentés par l'enfance,

A cause de cette innocence
Que nous avons sans le savoir.

On dit que leurs humbles louanges
A son oreille montent mieux;
Que les anges peuplent les cieux,
Et que nous ressemblons aux anges.

Ah! puisqu'il entend de si loin
Les vœux que notre bouche adresse,
Je veux lui demander sans cesse
Ce dont les autres ont besoin.

Mon Dieu, donne l'onde aux fontaines,
Donne la plume aux passereaux,
Et la laine aux petits agneaux,
Et l'ombre et la rosée aux plaines.

Donne au malade la santé,
Au mendiant le pain qu'il pleure,
A l'orphelin une demeure,
Au prisonnier la liberté.

Donne une famille nombreuse
Au père qui craint le Seigneur;
Donne à moi sagesse et bonheur,
Pour que ma mère soit heureuse!

Que je sois bon, quoique petit,
Comme cet enfant dans le temple,
Que chaque matin je contemple,
Souriant au pied de mon lit!

Mets dans mon âme la justice,
Sur mes lèvres la vérité;
Qu'avec crainte et docilité
Ta parole en mon cœur mûrisse;

Et que ma voix s'élève à toi
Comme cette douce fumée
Que balance l'urne embaumée
Dans la main d'enfants comme moi!

II

JEU D'ENFANT

Quand j'étais l'humble enfant qui joue avec sa mère,
Qu'on charme ou qu'on effraye avec une chimère,
J'imitais les enfants, mes égaux, dans leurs jeux;
Je parlais leur langage et je faisais comme eux.
J'allais, aux premiers mois où le bourgeon s'élève
Où l'écorce du bois semble suer la séve,
Vers le torrent qui coule au pied de mon hameau,
Des saules inclinés couper le frais rameau;
Réchauffant de l'haleine une séve encore tendre,
Je détachais du bois l'écorce sans la fendre,
Je l'animais d'un souffle, et bientôt sous mes doigts
Un son plaintif et doux s'exhalait dans le bois.
Ce son, dont aucun art ne réglait la mesure,
N'était rien qu'un bruit vide, un vague et doux murmure

Semblable aux voix de l'onde et des airs frémissants,
Dont on aime le bruit sans y chercher le sens;
Prélude d'un esprit éveillé de bonne heure,
Qui chante avant qu'il chante et pleure avant qu'il pleure.

III

UNE JOURNÉE DANS LES CHAMPS

Enfant, j'ai quelquefois passé des jours entiers
Au jardin, dans les prés, dans quelques verts sentiers
Creusés sur les coteaux par les bœufs du village,
Tout voilés d'aubépine et de mûre sauvage;
Mon chien auprès de moi, mon livre dans la main,
M'arrêtant sans fatigue et marchant sans chemin,
Tantôt lisant, tantôt écorçant quelque tige,
Suivant d'un œil distrait l'insecte qui voltige,
L'eau qui coule au soleil en petits diamants,
Ou l'oreille clouée à des bourdonnements;
Puis, choisissant un gîte à l'abri d'une haie,
Comme un lièvre tapi qu'un aboiement effraye,
Ou couché dans le pré, dont les gramens en fleurs
Me noyaient dans un lit de mystère et d'odeurs
Et recourbaient sur moi des rideaux d'ombre obscure,
Je reprenais de l'œil et du cœur ma lecture.
C'était quelque poëte au sympathique accent
Qui révèle à l'esprit ce que le cœur pressent,
Hommes prédestinés, mystérieuses vies,
Dont tous les sentiments coulent en mélodies,

Que l'on aime à porter avec soi dans les bois,
Comme on aime un écho qui répond à nos voix !
Ou bien c'était encor quelque touchante histoire
D'amour et de malheur, triste et bien dure à croire :
Virginie arrachée à son frère, et partant,
Et la mer la jetant morte au cœur qui l'attend !
Je la mouillais de pleurs et je marquais le livre,
Et je fermais les yeux et je m'écoutais vivre ;
Je sentais dans mon sein monter comme une mer
De sentiment doux, fort, triste, amoureux, amer,
D'images de la vie et de vagues pensées
Dans les flots de mon âme indolemment bercées,
Doux fantômes d'amour dont j'étais créateur,
Drames mystérieux et dont j'étais l'acteur.
Puis, comme des brouillards après une tempête
Tous ces drames conçus et joués dans ma tête
Se brouillaient, se croisaient, l'un l'autre s'effaçaient,
Mes pensers soulevés comme un flot s'affaissaient,
Les gouttes se séchaient au bord de ma paupière,
Mon âme transparente absorbait la lumière,
Et sereine et brillante avec l'heure et le lieu
D'un élan naturel se soulevait à Dieu.
Tout finissait en lui comme tout y commence,
Et mon cœur apaisé s'y perdait en silence ;
Et je passais ainsi, sans m'en apercevoir,
Tout un long jour d'été, de l'aube jusqu'au soir,
Sans que la moindre chose intime, extérieure,
M'en indiquât la fuite, et sans connaître l'heure
Qu'au soleil qui changeait de pente dans les cieux,
Au soir plus pâlissant sur mon livre ou mes yeux
Au serein qui des fleurs humectait les calices ;
Car un long jour n'était qu'une heure de délices !

IV

LA GLOIRE

A UN POËTE EXILÉ

Généreux favoris des filles de Mémoire,
Deux sentiers différents devant vous vont s'ouvrir :
L'un conduit au bonheur, l'autre mène à la gloire ;
    Mortels, il faut choisir.

Ton sort, ô Manoël, suivit la loi commune ;
La muse t'enivra de précoces faveurs,
Tes jours furent tissus de gloire et d'infortune,
    Et tu verses des pleurs !

Rougis plutôt, rougis d'envier au vulgaire
Le stérile repos dont son cœur est jaloux :
Les dieux ont fait pour lui tous les biens de la terre,
    Mais la lyre est à nous.

Les siècles sont à toi, le monde est ta patrie.
Quand nous ne sommes plus, notre ombre a des autels
Où le juste avenir prépare à ton génie
    Des honneurs immortels.

Ainsi l'aigle superbe au séjour du tonnerre
S'élance, et, soutenant son vol audacieux,
Semble dire aux mortels : Je suis né sur la terre,
    Mais je vis dans les cieux.

Oui, la gloire t'attend ; mais arrête, et contemple
A quel prix on pénètre en ces parvis sacrés ;
Vois : l'Infortune, assise à la porte du temple,
    En garde les degrés.

Ici, c'est ce vieillard que l'ingrate Ionie
A vu de mers en mers promener ses malheurs :
Aveugle, il mendiait au prix de son génie
    Un pain mouillé de pleurs.

Là, le Tasse, brûlé d'une flamme fatale,
Expiant dans les fers sa gloire et son amour,
Quand il va recueillir la palme triomphale,
    Descend au noir séjour.

Partout des malheureux, des proscrits, des victimes,
Luttant contre le sort ou contre les bourreaux :
On dirait que le ciel aux cœurs plus magnanimes
    Mesure plus de maux.

Impose donc silence aux plaintes de ta lyre :
Des cœurs nés sans vertu l'infortune est l'écueil ;
Mais toi, roi détrôné, que ton malheur t'inspire
    Un généreux orgueil !

Que t'importe, après tout, que cet ordre barbare
T'enchaîne loin des bords qui furent ton berceau !
Que t'importe en quels lieux le destin te prépare
    Un glorieux tombeau !

Ni l'exil, ni les fers de ces tyrans du Tage,
N'enchaîneront ta gloire aux bords où tu mourras :
Lisbonne la réclame, et voilà l'héritage
    Que tu lui laisseras !

Ceux qui l'ont méconnu pleureront le grand homme ;
Athène à des proscrits ouvre son Panthéon ;
Coriolan expire, et les enfants de Rome
    Revendiquent son nom.

Aux rivages des morts avant que de descendre,
Ovide lève au ciel ses suppliantes mains :
Aux Sarmates grossiers il a légué sa cendre.
    Et sa gloire aux Romains.

Cette ode est un des premiers morceaux de poésie que j'aie écrits, dans le temps où j'imitais encore. Elle me fut inspirée à Paris, en 1817, par les infortunes d'un pauvre poëte portugais appelé Manoël. Après avoir été illustre dans son pays, chassé par les réactions politiques, il s'était réfugié à Paris, où il gagnait péniblement le pain de ses vieux jours en enseignant sa langue.

Les poëtes ne sont peut-être pas plus malheureux que le reste des hommes, mais leur célébrité a donné dans tous les temps plus d'éclat à leur malheur : leurs larmes sont immortelles ; leurs infortunes retentissent, comme leurs amours, dans tous les siècles. La pitié s'agenouille, de génération en génération, sur leur tombeau. Le naufrage de Camoëns, sa grotte dans l'île de Macao, sa mort dans l'indigence, loin de sa patrie, sont le pendant des amours, des revers, des prisons du Tasse à Ferrare. Je ne suis pas superstitieux, même pour la gloire ; et cependant j'ai fait deux cents lieues pour aller toucher de ma main les parois de la prison du chantre de *la Jérusalem*, et pour y écrire mon nom au-dessous de celui de Byron, comme une visite expiatoire. J'ai détaché avec mon couteau un morceau de brique du mur contre lequel sa couche était appuyée ; je l'ai fait enchâsser dans un cachet servant de bague, et j'y ai fait graver les deux mots qui résument la vie de presque tous les grands poëtes : *Amour et larmes.*

                (Note de l'auteur.)

V

LE LÉZARD

SUR LES RUINES DE ROME

Un jour, seul dans le Colisée,
Ruine de l'orgueil romain,
Sur l'herbe de sang arrosée
Je m'assis, Tacite à la main.

Je lisais les crimes de Rome,
Et l'empire à l'encan vendu,
Et, pour élever un seul homme,
L'univers si bas descendu.

Je voyais la plèbe idolâtre,
Saluant les triomphateurs,
Baigner ses yeux sur le théâtre
Dans le sang des gladiateurs.

Sur la muraille qui l'incruste,
Je recomposais lentement
Les lettres du nom de l'Auguste
Qui dédia le monument.

J'en épelais le premier signe.
Mais, déconcertant mes regards,
Un lézard dormait sur la ligne
Où brillait le nom des Césars.

Seul héritier des sept collines,
Seul habitant de ces débris,
Il remplaçait sous ces ruines
Le grand flot des peuples taris.

Sorti des fentes des murailles,
Il venait, de froid engourdi,
Réchauffer ses vertes écailles
Au contact du bronze attiédi.

Consul, César, maître du monde,
Pontife, Auguste, égal aux dieux,
L'ombre de ce reptile immonde
Éclipsait ta gloire à mes yeux!

La nature a son ironie :
Le livre échappa de ma main.
O Tacite, tout ton génie
Raille moins fort l'orgueil humain!

VI

L'AUTOMNE

Salut, bois couronnés d'un reste de verdure,
Feuillages jaunissants sur les gazons épars!
Salut, derniers beaux jours! le deuil de la nature
Convient à la douleur et plaît à mes regards.

Je suis d'un pas rêveur le sentier solitaire;
J'aime à revoir encor, pour la dernière fois,
Ce soleil pâlissant, dont la faible lumière
Perce à peine à mes pieds l'obscurité des bois.

Oui, dans ces jours d'automne où la nature expire,
A ses regards voilés je trouve plus d'attraits;
C'est l'adieu d'un ami, c'est le dernier sourire
Des lèvres que la mort va fermer pour jamais.

Ainsi, prêt à quitter l'horizon de la vie,
Pleurant de mes longs jours l'espoir évanoui,
Je me retourne encore, et d'un regard d'envie
Je contemple ces biens dont je n'ai pas joui.

Terre, soleil, vallons, belle et douce nature,
Je vous dois une larme aux bords de mon tombeau;
L'air est si parfumé! la lumière est si pure!
Aux regards d'un mourant le soleil est si beau!

Je voudrais maintenant vider jusqu'à la lie
Ce calice mêlé de nectar et de fiel:
Au fond de cette coupe où je buvais la vie,
Peut-être restait-il une goutte de miel!

Peut-être l'avenir me gardait-il encore
Un retour de bonheur dont l'espoir est perdu!
Peut-être, dans la foule, une âme que j'ignore
Aurait compris mon âme, et m'aurait répondu!...

La fleur tombe en livrant ses parfums au zéphire ;
A la vie, au soleil, ce sont là ses adieux :
Moi, je meurs ; et mon âme, au moment qu'elle expire,
S'exhale comme un son triste et mélodieux.

VII

L'IMMORTALITÉ

Je te salue, ô Mort ! Libérateur céleste,
Tu ne m'apparais point sous cet aspect funeste
Que t'a prêté longtemps l'épouvante ou l'erreur ;
Ton bras n'est point armé d'un glaive destructeur,
Ton front n'est point cruel, ton œil n'est point perfide ;
Au secours des douleurs un Dieu clément te guide ;
Tu n'anéantis pas, tu délivres : ta main,
Céleste messager, porte un flambeau divin.
Quand mon œil fatigué se ferme à la lumière,
Tu viens d'un jour plus pur inonder ma paupière ;
Et l'Espoir, près de toi, rêvant sur un tombeau,
Appuyé sur la Foi, m'ouvre un monde plus beau.

Viens donc, viens détacher mes chaînes corporelles !
Viens, ouvre ma prison ; viens, prête-moi tes ailes !
Que tardes-tu ? Parais ; que je m'élance enfin
Vers cet Être inconnu, mon principe et ma fin !

— Qui m'en a détaché ? Qui suis-je, et que dois-je être ?
Je meurs, et ne sais pas ce que c'est que de naître.

Toi qu'en vain j'interroge, esprit, hôte inconnu,
Avant de m'animer, quel ciel habitais-tu?
Quel pouvoir t'a jeté sur ce globe fragile?
Quelle main t'enferma dans ta prison d'argile?
Par quels nœuds étonnants, par quels secrets rapports,
Le corps tient-il à toi comme tu tiens au corps?
Quel jour séparera l'âme de la matière?
Pour quel nouveau séjour quitteras-tu la terre?
As-tu tout oublié? Par delà le tombeau,
Vas-tu renaître encor dans un oubli nouveau?
Vas-tu recommencer une semblable vie?
Ou dans le sein de Dieu, ta source et ta patrie,
Affranchi pour jamais de tes liens mortels,
Vas-tu jouir enfin de tes droits éternels?

— Oui, tel est mon espoir, ô moitié de ma vie!
C'est par lui que déjà mon âme raffermie
A pu voir sans effroi sur tes traits enchanteurs
Se faner du printemps les brillantes couleurs;
C'est par lui que, percé du trait qui me déchire,
Jeune encore, en mourant, vous me verrez sourire,
Et que des pleurs de joie, à nos derniers adieux,
A ton dernier regard, brilleront dans mes yeux.

« Vain espoir! » s'écriera le troupeau d'Épicure,
Et celui dont la main disséquant la nature,
Dans un coin du cerveau nouvellement décrit,
Voit penser la matière et végéter l'esprit.
« Insensé, diront-ils, que trop d'orgueil abuse,
Regarde autour de toi : tout commence et tout s'use,
Tout marche vers un terme et tout naît pour mourir :
Dans ces prés jaunissants tu vois la fleur languir;

Tu vois dans ces forêts le cèdre au front superbe
Sous le poids de ses ans tomber, ramper sous l'herbe ;
Dans leurs lits desséchés tu vois les mers tarir ;
Les cieux même, les cieux commencent à pâlir ;
Cet astre dont le temps a caché la naissance,
Le soleil, comme nous, marche à sa décadence,
Et dans les cieux déserts les mortels éperdus
Le chercheront un jour et ne le verront plus !
Tu vois autour de toi dans la nature entière
Les siècles entasser poussière sur poussière,
Et le temps, d'un seul pas confondant ton orgueil,
De tout ce qu'il produit devenir le cercueil.
Et l'homme, et l'homme seul, ô sublime folie !
Au fond de son tombeau croit retrouver la vie,
Et dans le tourbillon au néant emporté,
Abattu par le temps, rêve l'éternité ! »

Qu'un autre vous réponde, ô sages de la terre !
J'ai maudit votre erreur : j'aime, il faut que j'espère ;
Notre faible raison se trouble et se confond.
Oui, la raison se tait ; mais l'instinct vous répond.
Pour moi, quand je verrais dans les célestes plaines
Les astres, s'écartant de leurs routes certaines,
Dans les champs de l'éther l'un par l'autre heurtés,
Parcourir au hasard les cieux épouvantés ;
Quand j'entendrais gémir et se briser la terre ;
Quand je verrais son globe errant et solitaire,
Flottant loin des soleils, pleurant l'homme détruit,
Se perdre dans les champs de l'éternelle nuit ;
Et quand, dernier témoin de ces scènes funèbres,
Entouré du chaos, de la mort, des ténèbres,

Seul je serais debout : seul, malgré mon effroi
Être infaillible et bon, j'espérerais en toi,
Et, certain du retour de l'éternelle aurore,
Sur les mondes détruits je t'attendrais encore !

VIII

LA FENÊTRE DE LA MAISON PATERNELLE

Autour du toit qui nous vit naître
Un pampre étalait ses rameaux ;
Ses grains dorés, vers la fenêtre,
Attiraient les petits oiseaux.

Ma mère, étendant sa main blanche,
Rapprochait les grappes de miel,
Et ses enfants suçaient la branche,
Qu'ils rendaient aux oiseaux du ciel.

L'oiseau n'est plus, la mère est morte ;
Le vieux cep languit jaunissant,
L'herbe d'hiver croît sur la porte,
Et moi, je pleure en y pensant.

C'est pourquoi la vigne enlacée
Aux mémoires de mon berceau
Porte à mon âme une pensée,
Et doit ramper sur mon tombeau.

IX

LA PRIÈRE

Le roi brillant du jour, se couchant dans sa gloire,
Descend avec lenteur de son char de victoire ;
Le nuage éclatant qui le cache à nos yeux
Conserve en sillons d'or sa trace dans les cieux,
Et d'un reflet de pourpre inonde l'étendue.
Comme une lampe d'or dans l'azur suspendue,
La lune se balance au bord de l'horizon ;
Ses rayons affaiblis dorment sur le gazon,
Et le voile des nuits sur les monts se déplie.
C'est l'heure où la nature, un moment recueillie,
Entre la nuit qui tombe et le jour qui s'enfuit,
S'élève au Créateur du jour et de la nuit,
Et semble offrir à Dieu, dans son brillant langage,
De la création le magnifique hommage.

Voilà le sacrifice immense, universel !
L'univers est le temple et la terre est l'autel ;
Les cieux en sont le dôme ; et ces astres sans nombre,
Ces feux demi-voilés, pâle ornement de l'ombre,
Dans la voûte d'azur avec ordre semés,
Sont les sacrés flambeaux pour ce temple allumés ;
Et ces nuages purs qu'un jour mourant colore,
Et qu'un souffle léger, du couchant à l'aurore,
Dans les plaines de l'air repliant mollement,
Roule en flocons de pourpre aux bords du firmament,
Sont les flots de l'encens qui monte et s'évapore
Jusqu'au trône du Dieu que la nature adore.

Mais ce temple est sans voix. Où sont les saints concerts?
D'où s'élèvera l'hymne au roi de l'univers?
Tout se tait : mon cœur seul parle dans ce silence
La voix de l'univers, c'est mon intelligence.
Sur les rayons du soir, sur les ailes du vent,
Elle s'élève à Dieu comme un parfum vivant,
Et, donnant un langage à toute créature,
Prête, pour l'adorer, mon âme à la nature.
Seul, invoquant ici son regard paternel,
Je remplis le désert du nom de l'Éternel;
Et Celui qui, du sein de sa gloire infinie,
Des sphères qu'il ordonne écoute l'harmonie,
Écoute aussi la voix de mon humble raison
Qui contemple sa gloire et murmure son nom.

Salut, principe et fin de toi-même et du monde!
Toi qui rends d'un regard l'immensité féconde,
Ame de l'univers, Dieu, Père, Créateur,
Sous tous ces noms divers je crois en toi, Seigneur
Et, sans avoir besoin d'entendre ta parole,
Je lis au front des cieux mon glorieux symbole.
L'étendue à mes yeux révèle ta grandeur,
La terre ta bonté, les astres ta splendeur.
Tu t'es produit toi-même en ton brillant ouvrage;
L'univers tout entier réfléchit ton image,
Et mon âme à son tour réfléchit l'univers.
Ma pensée, embrassant tes attributs divers,
Partout autour de toi te découvre et t'adore,
Se contemple soi-même et t'y découvre encore :
Ainsi l'astre du jour éclate dans les cieux,
Se réfléchit dans l'onde et se peint à mes yeux.

C'est peu de croire en toi, bonté, beauté suprême :
Je te cherche partout, j'aspire à toi, je t'aime ;
Mon âme est un rayon de lumière et d'amour,
Qui, du foyer divin détaché pour un jour,
De désirs dévorants loin de toi consumée,
Brûle de remonter à sa source enflammée.
Je respire, je sens, je pense, j'aime en toi.
Ce monde qui te cache est transparent pour moi ;
C'est toi que je découvre au fond de la nature,
C'est toi que je bénis dans toute créature.
Pour m'approcher de toi, j'ai fui dans ces déserts :
Là, quand l'aube, agitant son voile dans les airs,
Entr'ouvre l'horizon qu'un jour naissant colore,
Et sème sur les monts les perles de l'aurore,
Pour moi c'est ton regard qui, du divin séjour,
S'entr'ouvre sur le monde et lui répand le jour ;
Quand l'astre à son midi, suspendant sa carrière,
M'inonde de chaleur, de vie et de lumière,
Dans ses puissants rayons, qui raniment mes sens,
Seigneur, c'est ta vertu, ton souffle que je sens ;
Et quand la nuit, guidant son cortége d'étoiles,
Sur le monde endormi jette ses sombres voiles,
Seul, au sein du désert et de l'obscurité,
Méditant de la nuit la douce majesté,
Enveloppé de calme et d'ombre et de silence,
Mon âme de plus près adore ta présence ;
D'un jour intérieur je me sens éclairer,
Et j'entends une voix qui me dit d'espérer.

Oui, j'espère, Seigneur, en ta magnificence :
Partout à pleines mains prodiguant l'existence,

Tu n'auras pas borné le nombre de mes jours
A ces jours d'ici-bas, si troublés et si courts.
Je te vois en tous lieux conserver et produire :
Celui qui peut créer dédaigne de détruire.
Témoin de ta puissance et sûr de ta bonté,
J'attends le jour sans fin de l'immortalité.
La mort m'entoure en vain de ses ombres funèbres,
Ma raison voit le jour à travers ces ténèbres ;
C'est le dernier degré qui m'approche de toi,
C'est le voile qui tombe entre ta face et moi.
Hâte pour moi, Seigneur, ce moment que j'implore,
Ou, si dans tes secrets tu le retiens encore,
Entends du haut du ciel le cri de mes besoins !
L'atome et l'univers sont l'objet de tes soins.
Des dons de ta bonté soutiens mon indigence,
Nourris mon corps de pain, mon âme d'espérance ;
Réchauffe d'un regard de tes yeux tout-puissants
Mon esprit éclipsé par l'ombre de mes sens,
Et, comme le soleil aspire la rosée,
Dans ton sein à jamais absorbe ma pensée !

J'ai toujours pensé que la poésie était surtout la langue des prières, la langue parlée et la révélation de la langue intérieure. Quand l'homme parle au suprême Interlocuteur, il doit nécessairement employer la forme la plus complète et la plus parfaite de ce langage que Dieu a mis en lui. Cette forme relativement parfaite et complète, c'est évidemment la forme poétique. Le vers réunit toutes les conditions de ce qu'on appelle la parole, c'est-à-dire le son, la couleur, l'image, le rhythme, l'harmonie, l'idée, le sentiment, l'enthousiasme : la parole ne mérite véritablement le nom de

Verbe ou de Logos que quand elle réunit toutes ces qualités. Depuis les temps les plus reculés les hommes l'ont senti par instinct, et tous les cultes ont eu pour langue la poésie, pour premier prophète ou pour premier pontife les poëtes.

(*Note de l'auteur.*)

X

LA SOURCE DANS LES BOIS.

Source limpide et murmurante
Qui, de la fente du rocher,
Jaillis en nappe transparente
Sur l'herbe que tu vas coucher,.

Le marbre arrondi de Carrare,
Où tu bouillonnais autrefois,
Laisse fuir ton flot qui s'égare
Sur l'humide tapis des bois.

Ton dauphin verdi par le lierre
Ne lance plus de ses naseaux,
En jets ondoyants de lumière,
L'orgueilleuse écume des eaux.

Tu n'as plus pour temple et pour ombre
Que ces hêtres majestueux
Qui penchent leur tronc vaste et sombre
Sur tes flots dépouillés comme eux.

La feuille que jaunit l'automne
S'en détache et ride ton sein,
Et la mousse verte couronne
Les bords usés de ton bassin.

Mais tu n'es pas lasse d'éclore ;
Semblable à ces cœurs généreux
Qui, méconnus, s'ouvrent encore
Pour se répandre aux malheureux.

Penché sur ta coupe brisée,
Je vois tes flots ensevelis
Filtrer comme une humble rosée
Sous les cailloux que tu polis.

J'entends ta goutte harmonieuse
Tomber, tomber, et retentir
Comme une voix mélodieuse
Qu'entrecoupe un tendre soupir.

Les images de ma jeunesse
S'élèvent avec cette voix ;
Elles m'inondent de tristesse,
Et je me souviens d'autrefois.

Dans combien de soucis et d'âges,
O toi que j'entends murmurer,
N'ai-je pas cherché tes rivages
Ou pour jouir ou pour pleurer !

A combien de scènes passées
Ton bruit rêveur s'est-il mêlé !

Quelle de mes tristes pensées
Avec tes flots n'a pas coulé !

Oui, c'est moi que tu vis naguères,
Mes blonds cheveux livrés au vent,
Irriter tes vagues légères,
Faites pour la main d'un enfant.

C'est moi qui, couché sous les voûtes
Que ces arbres courbent sur toi,
Voyais, plus nombreux que tes gouttes,
Mes songes flotter devant moi.

L'horizon trompeur de cet âge
Brillait, comme on voit, le matin,
L'aurore dorer le nuage
Qui doit l'obscurcir en chemin.

Plus tard, battu par la tempête,
Déplorant l'absence ou la mort,
Que de fois j'appuyai ma tête
Sur le rocher d'où ton flot sort !

Dans mes mains cachant mon visage,
Je te regardais sans te voir,
Et, comme des gouttes d'orage,
Mes larmes troublaient ton miroir.

Mon cœur, pour exhaler sa peine,
Ne s'en fiait qu'à tes échos,
Car tes sanglots, chère fontaine,
Semblaient répondre à mes sanglots.

Et maintenant je viens encore,
Mené par l'instinct d'autrefois,
Écouter ta chute sonore
Bruire à l'ombre des grands bois.

Mais les fugitives pensées
Ne suivent plus tes flots errants,
Comme ces feuilles dispersées
Que ton onde emporte aux torrents;

D'un monde qui les importune
Elles reviennent à ta voix,
Aux rayons muets de la lune,
Se recueillir au fond des bois.

Oubliant le fleuve où t'entraîne
Ta course que rien ne suspend,
Je remonte, de veine en veine,
Jusqu'à la main qui te répand.

Je te vois, fille des nuages,
Flottant en vagues de vapeurs,
Ruisseler avec les orages
Ou distiller au sein des fleurs.

Le roc altéré te dévore
Dans l'abîme où grondent tes eaux,
Où le gazon, par chaque pore,
Boit goutte à goutte tes cristaux.

Tu filtres, perle virginale,
Dans des creusets mystérieux,

Jusqu'à ce que ton onde égale
L'azur étincelant des cieux.

Tu parais ! le désert s'anime ;
Une haleine sort de tes eaux ;
Le vieux chêne élargit sa cime
Pour t'ombrager de ses rameaux.

Le jour flotte de feuille en feuille,
L'oiseau chante sur ton chemin,
Et l'homme à genoux te recueille
Dans l'or ou le creux de sa main.

Et la feuille aux feuilles s'entasse,
Et, fidèle au doigt qui t'a dit :
« Coule ici pour l'oiseau qui passe ! »
Ton flot murmurant l'avertit.

Et moi, tu m'attends pour me dire :
« Vois ici la main de ton Dieu !
Ce prodige que l'ange admire
De sa sagesse n'est qu'un jeu. »

Ton recueillement, ton murmure,
Semblent lui préparer mon cœur :
L'amour sacré de la nature
Est le premier hymne à l'auteur.

A chaque plainte de ton onde,
Je sens retentir avec toi
Je ne sais quelle voix profonde
Qui l'annonce et le chante en moi.

Mon cœur grossi par mes pensées,
Comme tes flots dans ton bassin,
Sent sur mes lèvres oppressées
L'amour déborder de mon sein.

La prière, brûlant d'éclore,
S'échappe en rapides accents,
Et je lui dis : « Toi que j'adore,
Reçois ces larmes pour encens. »

Ainsi me revoit ton rivage,
Aujourd'hui, différent d'hier :
Le cygne change de plumage,
La feuille tombe avec l'hiver.

Bientôt tu me verras peut-être,
Penchant sur toi mes cheveux blancs,
Cueillir un rameau de ton hêtre
Pour appuyer mes pas tremblants.

Assis sur un banc de ta mousse,
Sentant mes jours près de tarir,
Instruit par ta pente si douce,
Tes flots m'apprendront à mourir!

En les voyant fuir goutte à goutte
Et disparaître flot à flot,
« Voilà, me dirai-je, la route
Où mes jours les suivront bientôt. »

Combien m'en reste-t-il encore ?
Qu'importe ! je vais où tu cours ;
Le soir pour nous touche à l'aurore :
Coulez, ô flots, coulez toujours !

Une des sources du jardin [1], la plus éloignée du château, s'appelait la source du *Foyard* (*Foyard* veut dire hêtre). Ce nom lui venait d'un hêtre colossal planté sans doute par le hasard sur la pente rapide d'une colline de roches humides. Cet arbre, qui existe encore, devait compter déjà sa vie par siècles. Il répandait la nuit sur un demi-arpent. A ses pieds, une grotte naturelle laissait voir une eau dormante au fond d'un bassin. Cette eau, filtrant à travers la rocaille, allait se dégorger à quelques pas de là par la bouche d'un dauphin de pierre noire, qui la vomissait à gros bouillons. Elle tombait de bassin en bassin jusque dans un petit étang qui portait bateau. Deux bancs de pierre verdis de mousse étaient placés à quelque distance, en vue du dauphin. Des arbres forestiers de toute espèce s'élevaient, autrefois alignés, aujourd'hui libres de leurs rameaux, au-dessus des cascades. C'était ma retraite la plus habituelle du milieu des jours en été. J'y portais mes livres, je lisais au murmure de la source éternelle, et au sifflement des merles, accoutumés à moi, qui venaient boire au bord du bassin. Quelquefois, fatigué de lire, je descendais vers l'étang, je détachais le bateau de sa chaîne, je me couchais au fond sur un coussin de joncs, et je le laissais dériver au gré du vent, la tête renversée en arrière, ne voyant plus que le ciel et les pointes des peupliers qui entrecoupaient le firmament.

(*Note de l'auteur.*)

[1] A Urcy, chez l'abbé de Lamartine, oncle du poëte.

XI

L'HOMME

A LORD BYRON

Toi, dont le monde encore ignore le vrai nom,
Esprit mystérieux, mortel, ange ou démon,
Qui que tu sois, Byron, bon ou fatal génie,
J'aime de tes concerts la sauvage harmonie,
Comme j'aime le bruit de la foudre et des vents
Se mêlant dans l'orage à la voix des torrents !
La nuit est ton séjour, l'horreur est ton domaine :
L'aigle, roi des déserts, dédaigne ainsi la plaine ;
Il ne veut, comme toi, que des rocs escarpés
Que l'hiver a blanchis, que la foudre a frappés,
Des rivages couverts des débris du naufrage,
Ou des champs tout noircis des restes du carnage ;
Et, tandis que l'oiseau qui chante ses douleurs
Bâtit au bord des eaux son nid parmi les fleurs,
Lui des sommets d'Athos franchit l'horrible cime,
Suspend au flanc des monts son aire sur l'abîme,
Et là, seul, entouré de membres palpitants,
De rochers d'un sang noir sans cesse dégouttants,
Trouvant sa volupté dans les cris de sa proie,
Bercé par la tempête, il s'endort dans sa joie.

Et toi, Byron, semblable à ce brigand des airs,
Les cris du désespoir sont tes plus doux concerts.
Le mal est ton autel, et l'homme est ta victime.
Ton œil, comme Satan, a mesuré l'abîme,

Et ton âme, y plongeant loin du jour et de Dieu,
A dit à l'espérance un éternel adieu !
Comme lui, maintenant, régnant dans les ténèbres,
Ton génie invincible éclate en chants funèbres ;
Il triomphe, et ta voix, sur un mode infernal,
Chante l'hymne de gloire au sombre dieu du mal.

Mais que sert de lutter contre sa destinée ?
Que peut contre le sort la raison mutinée ?
Elle n'a, comme l'œil, qu'un étroit horizon.
Ne porte pas plus loin tes yeux ni ta raison :
Hors de là tout nous fuit, tout s'éteint, tout s'efface ;
Dans ce cercle borné Dieu t'a marqué ta place :
Comment ? pourquoi ? qui sait ? De ses puissantes mains
Il a laissé tomber le monde et les humains,
Comme il a dans nos champs répandu la poussière,
Ou semé dans les airs la nuit et la lumière ;
Il le sait, il suffit : l'univers est à lui,
Et nous n'avons à nous que le jour d'aujourd'hui !

Notre crime est d'être homme et de vouloir connaître :
Ignorer et servir, c'est la loi de notre être.
Byron, ce mot est dur : longtemps j'en ai douté ;
Mais pourquoi reculer devant la vérité ?
Ton titre devant Dieu, c'est d'être son ouvrage,
De sentir, d'adorer ton divin esclavage ;
Dans l'ordre universel, faible atome emporté,
D'unir à ses desseins ta libre volonté,
D'avoir été conçu par son intelligence,
De le glorifier par ta seule existence :
Voilà, voilà ton sort. Ah ! loin de l'accuser,
Baise plutôt le joug que tu voulais briser ;

Descends du rang des dieux qu'usurpait ton audace ;
Tout est bien, tout est bon, tout est grand à sa place ;
Aux regards de Celui qui fit l'immensité
L'insecte vaut un monde : ils ont autant coûté !

Mais cette loi, dis-tu, révolte ta justice ;
Elle n'est à tes yeux qu'un bizarre caprice,
Un piége où la raison trébuche à chaque pas.
Confessons-la, Byron, et ne la jugeons pas.
Comme toi, ma raison en ténèbres abonde,
Et ce n'est pas à moi de t'expliquer le monde.
Que celui qui l'a fait t'explique l'univers !
Plus je sonde l'abîme, hélas ! plus je m'y perds.
Ici-bas la douleur à la douleur s'enchaîne,
Le jour succède au jour, et la peine à la peine.
Borné dans sa nature, infini dans ses vœux,
L'homme est un dieu tombé qui se souvient des cieux :
Soit que, déshérité de son antique gloire,
De ses destins perdus il garde la mémoire ;
Soit que de ses désirs l'immense profondeur
Lui présage de loin sa future grandeur.
Imparfait ou déchu, l'homme est le grand mystère.
Dans la prison des sens enchaîné sur la terre,
Esclave, il sent un cœur né pour la liberté ;
Malheureux, il aspire à la félicité ;
Il veut sonder le monde, et son œil est débile ;
Il veut aimer toujours, ce qu'il aime est fragile.
Tout mortel est semblable à l'exilé d'Éden :
Lorsque Dieu l'eut banni du céleste jardin,
Mesurant d'un regard les fatales limites,
Il s'assit en pleurant aux portes interdites ;

Il entendit de loin dans le divin séjour
L'harmonieux soupir de l'éternel amour,
Les accents du bonheur, les saints concerts des anges
Qui, dans le sein de Dieu, célébraient ses louanges ;
Et, s'arrachant du ciel dans un pénible effort,
Son œil avec effroi retomba sur son sort.

Malheur à qui du fond de l'exil de la vie
Entendit ces concerts d'un monde qu'il envie !
Du nectar idéal sitôt qu'elle a goûté,
 a nature répugne à la réalité :
 ans le sein du possible en songe elle s'élance ;
 e réel est étroit, le possible est immense ;
 'âme avec ses désirs s'y bâtit un séjour
Où l'on puise à jamais la science et l'amour ;
Où, dans des océans de beauté, de lumière,
 'homme, altéré toujours, toujours se désaltère,
 't, de songes si beaux enivrant son sommeil,
 e se reconnaît plus au moment du réveil.

 élas ! tel fut ton sort, telle est ma destinée.
 'ai vidé comme toi la coupe empoisonnée ;
 es yeux, comme les tiens, sans voir se sont ouverts ;
 'ai cherché vainement le mot de l'univers,
J'ai demandé sa cause à toute la nature,
 'ai demandé sa fin à toute créature ;
 ans l'abîme sans fond mon regard a plongé ;
 e l'atome au soleil j'ai tout interrogé,
J'ai devancé les temps, j'ai remonté les âges,
Tantôt passant les mers pour écouter les sages ;
Mais le monde à l'orgueil est un livre fermé !
Tantôt, pour deviner le monde inanimé,

Fuyant avec mon âme au sein de la nature,
J'ai cru trouver un sens à cette langue obscure.
J'étudiai la loi par qui roulent les cieux ;
Dans leurs brillants déserts Newton guida mes yeux ;
Des empires détruits je méditai la cendre ;
Dans ses sacrés tombeaux Rome m'a vu descendre ;
Des mânes les plus saints troublant le froid repos,
J'ai pesé dans mes mains la cendre des héros :
J'allais redemander à leur vaine poussière
Cette immortalité que tout mortel espère.
Que dis-je ? suspendu sur le lit des mourants,
Mes regards la cherchaient dans des yeux expirants ;
Sur ces sommets noircis par d'éternels nuages,
Sur ces flots sillonnés par d'éternels orages,
J'appelais, je bravais le choc des éléments.
Semblable à la sibylle en ses emportements,
J'ai cru que la nature, en ces rares spectacles,
Laissait tomber pour nous quelqu'un de ses oracles :
J'aimais à m'enfoncer dans ces sombres horreurs.
Mais en vain dans son calme, en vain dans ses fureurs,
Cherchant ce grand secret sans pouvoir le surprendre,
J'ai vu partout un Dieu sans jamais le comprendre !
J'ai vu le bien, le mal, sans choix et sans dessein,
Tomber comme au hasard, échappés de son sein ;
J'ai vu partout le mal où le mieux pouvait être,
Et je l'ai blasphémé, ne pouvant le connaître ;
Et ma voix, se brisant contre ce ciel d'airain,
N'a pas même eu l'honneur d'irriter le Destin.

Mais un jour que, plongé dans ma propre infortune,
J'avais lassé le ciel d'une plainte importune,

Une clarté d'en haut dans mon sein descendit,
Me tenta de bénir ce que j'avais maudit,
Et, cédant sans combattre au souffle qui m'inspire,
L'hymne de la raison s'élança de ma lyre.

« Gloire à toi dans les temps et dans l'éternité,
» Éternelle raison, suprême volonté!
» Toi dont l'immensité reconnaît la présence,
» Toi dont chaque matin annonce l'existence!
» Ton souffle créateur s'est abaissé sur moi;
» Celui qui n'était pas a paru devant toi!
» J'ai reconnu ta voix avant de me connaître,
» Je me suis élancé jusqu'aux portes de l'Être:
» Me voici! le néant te salue en naissant;
» Me voici! mais qui suis-je? Un atome pensant.
» Qui peut entre nous deux mesurer la distance?
» Moi, qui respire en toi ma rapide existence,
» A l'insu de moi-même à ton gré façonné,
» Que me dois-tu, Seigneur, quand je ne suis pas né?
» Rien avant, rien après : gloire à la fin suprême!
» Qui tira tout de soi se doit tout à soi-même.
» Jouis, grand artisan, de l'œuvre de tes mains:
» Je suis pour accomplir tes ordres souverains;
» Dispose, ordonne, agis; dans les temps, dans l'espace,
» Marque-moi pour ta gloire et mon jour et ma place:
» Mon être, sans se plaindre et sans t'interroger,
» De soi-même, en silence, accourra s'y ranger.
» Comme ces globes d'or qui dans les champs du vide
» Suivent avec amour ton ombre qui les guide,
» Noyé dans la lumière ou perdu dans la nuit,
» Je marcherai comme eux où ton doigt me conduit:

» Soit que, choisi par toi pour éclairer les mondes,
» Réfléchissant sur eux les feux dont tu m'inondes,
» Je m'élance entouré d'esclaves radieux,
» Et franchisse d'un pas tout l'abîme des cieux ;
» Soit que, me reléguant loin, bien loin de ta vue,
» Tu ne fasses de moi, créature inconnue,
» Qu'un atome oublié sur les bords du néant,
» Ou qu'un grain de poussière emporté par le vent,
» Glorieux de mon sort, puisqu'il est ton ouvrage,
» J'irai, j'irai partout te rendre un même hommage,
» Et, d'un égal amour accomplissant ma loi,
» Jusqu'aux bords du néant murmurer : Gloire à toi !

» Ni si haut, ni si bas ! simple enfant de la terre,
» Mon sort est un problème, et ma fin un mystère ;
» Je ressemble, Seigneur, au globe de la nuit,
» Qui, dans la route obscure où ton doigt le conduit,
» Réfléchit d'un côté les clartés éternelles,
» Et de l'autre est plongé dans les ombres mortelles.
» L'homme est le point fatal où les deux infinis
» Par la toute-puissance ont été réunis.
» A tout autre degré, moins malheureux peut-être,
» J'eusse été... Mais je suis ce que je devais être ;
» J'adore sans la voir ta suprême raison :
» Gloire à toi qui m'as fait ! ce que tu fais est bon.

» Cependant, accablé sous le poids de ma chaîne,
» Du néant au tombeau l'adversité m'entraîne ;
» Je marche dans la nuit par un chemin mauvais,
» Ignorant d'où je viens, incertain où je vais,
» Et je rappelle en vain ma jeunesse écoulée,
» Comme l'eau du torrent dans sa source troublée.

» Gloire à toi ! le malheur en naissant m'a choisi ;
» Comme un jouet vivant, ta droite m'a saisi ;
» J'ai mangé dans les pleurs le pain de ma misère,
» Et tu m'as abreuvé des eaux de ta colère.
» Gloire à toi ! J'ai crié, tu n'as pas répondu ;
» J'ai jeté sur la terre un regard confondu ;
» J'ai cherché dans le ciel le jour de ta justice ;
» Il s'est levé, Seigneur, et c'est pour mon supplice.
» Gloire à toi ! L'innocence est coupable à tes yeux :
» Un seul être, du moins, me restait sous les cieux ;
» Toi-même de nos jours avais mêlé la trame,
» Sa vie était ma vie, et son âme mon âme ;
» Comme un fruit encor vert du rameau détaché,
» Je l'ai vu de mon sein avant l'âge arraché !
» Ce coup, que tu voulais me rendre plus terrible,
» La frappa lentement pour m'être plus sensible :
» Dans ses traits expirants, où je lisais mon sort,
» J'ai vu lutter ensemble et l'amour et la mort ;
» J'ai vu dans ses regards la flamme de la vie,
» Sous la main du trépas par degrés assoupie,
» Se ranimer encore au souffle de l'amour.
» Je disais chaque jour : « Soleil, encore un jour ! »
» Semblable au criminel qui, plongé dans les ombres,
» Et descendu vivant dans les demeures sombres,
» Près du dernier flambeau qui doive l'éclairer,
» Se penche sur sa lampe et la voit expirer,
» Je voulais retenir l'âme qui s'évapore ;
» Dans son dernier regard je la cherchais encore !
» Ce soupir, ô mon Dieu ! dans ton sein s'exhala ;
» Hors du monde avec lui mon espoir s'envola.
» Pardonne au désespoir un moment de blasphème,
» J'osai.... Je me repens : gloire au maître suprême !

» Il fit l'eau pour couler, l'aquilon pour courir,
» Les soleils pour brûler, et l'homme pour souffrir !
» Que j'ai bien accompli cette loi de mon être !
» La nature insensible obéit sans connaître ;
» Moi seul, te découvrant sous la nécessité,
» J'immole avec amour ma propre volonté ;
» Moi seul je t'obéis avec intelligence ;
» Moi seul je me complais dans cette obéissance ;
» Je jouis de remplir, en tout temps, en tout lieu,
» La loi de ma nature et l'ordre de mon Dieu ;
» J'adore en mes destins ta sagesse suprême,
» J'aime ta volonté dans mes supplices même :
» Gloire à toi ! gloire à toi ! Frappe, anéantis-moi !
» Tu n'entendras qu'un cri : Gloire à jamais à toi ! »

Ainsi ma voix monta vers la voûte céleste :
Je rendis gloire au ciel, et le ciel fit le reste.
Fais silence, ô ma lyre ! Et toi, qui dans tes mains
Tiens le cœur palpitant des sensibles humains,
Byron, viens en tirer des torrents d'harmonie :
C'est pour la vérité que Dieu fit le génie.
Jette un cri vers le ciel, ô chantre des enfers !
Le ciel même aux damnés enviera tes concerts.
Peut-être qu'à ta voix, de la vivante flamme
Un rayon descendra dans l'ombre de ton âme ;
Peut-être que ton cœur, ému de saints transports,
S'apaisera soi-même à tes propres accords,
Et qu'un éclair d'en haut perçant ta nuit profonde,
Tu verseras sur nous la clarté qui t'inonde.

Ah ! si jamais ton luth, amolli par tes pleurs,
Soupirait sous tes doigts l'hymne de tes douleurs

Ou si, du sein profond des ombres éternelles,
Comme un ange tombé tu secouais tes ailes,
Et, prenant vers le jour un lumineux essor,
Parmi les chœurs sacrés tu t'essayais encor ;
Jamais, jamais l'écho de la céleste voûte,
Jamais ces harpes d'or que Dieu lui-même écoute,
Jamais des séraphins les chœurs mélodieux,
De plus divins accords n'auraient ravi les cieux !
Courage ! enfant déchu d'une race divine,
Tu portes sur ton front ta superbe origine ;
Tout homme, en te voyant, reconnaît dans tes yeux
Un rayon éclipsé de la splendeur des cieux.
Roi des chants immortels, reconnais-toi toi-même !
Laisse aux fils de la nuit le doute et le blasphème ;
Dédaigne un faux encens qu'on t'offre de si bas :
La gloire ne peut être où la vertu n'est pas.
Viens reprendre ton rang dans ta splendeur première,
Parmi ces purs enfants de gloire et de lumière
Que d'un souffle choisi Dieu voulut animer,
Et qu'il fît pour chanter, pour croire et pour aimer !

COMMENTAIRE

Je n'ai jamais connu lord Byron. J'avais écrit la plupart de mes Méditations avant d'avoir lu ce grand poëte. Ce fut un bonheur pour moi. La puissance sauvage, pittoresque et souvent perverse de ce génie aurait nécessairement entraîné ma jeune imagination hors de sa voie naturelle : j'aurais cessé d'être original en voulant marcher sur ses traces. Lord Byron est incontestablement à mes yeux la plus grande nature poétique des siècles modernes. Mais le désir de produire plus d'effet sur les esprits blasés de son temps l'a jeté dans le paradoxe.

Né grand, riche, indépendant et beau, il avait été blessé par quelques feuilles de rose dans le lit tout fait de son aristocratie et de sa jeunesse. Quelques articles critiques contre ses premiers vers lui avaient semblé un crime irrémissible de sa patrie contre lui. Il était entré à la chambre des pairs; deux discours prétentieux et médiocres n'avaient pas été applaudis : il s'était exilé alors en secouant la poussière de ses pieds, et en maudissant sa terre natale. Enfant gâté par la nature, par la fortune et par le génie, les sentiers de la vie réelle, quoique si bien aplanis sous ses pas, lui avaient paru encore trop rudes. Il s'était enfui sur les ailes de son imagination et livré à tous ses caprices.

J'entendis parler pour la première fois de lui par un de mes anciens amis qui revenait d'Angleterre en 1819. Le seul récit de quelques-uns de ses poëmes m'ébranla l'imagination. Je savais mal l'anglais alors, et l'on n'avait rien traduit de Byron encore. L'été suivant, me trouvant à Genève, un de mes amis qui y résidait me montra un soir, sur la grève du lac Léman, un jeune homme qui descendait de bateau et qui montait à cheval pour rentrer dans une de ces délicieuses villas réfléchies dans les eaux du lac. Mon ami me dit que ce jeune homme était un fameux poëte anglais, appelé lord Byron. Je ne fis qu'entrevoir son visage pâle et fantastique à travers la brume du crépuscule. J'étais alors bien inconnu, bien pauvre, bien errant, bien découragé de la vie. Ce poëte misanthrope, jeune, riche, élégant de figure, illustre de nom, déjà célèbre de génie, voyageant à son gré ou se fixant à son caprice dans les plus ravissantes contrées du globe, ayant des barques à lui sur les vagues, des chevaux sur les grèves, passant l'été sous les ombrages des Alpes, les hivers sous les orangers de Pise, me paraissait le plus favorisé des mortels. Il fallait que ses larmes vinssent de quelque source de l'âme bien profonde et bien mystérieuse pour donner tant d'amertume à ses accents, tant de mélancolie à ses vers. Cette mélancolie même était un attrait de plus pour mon cœur.

Quelques jours après, je lus, dans un recueil périodique de Genève, quelques fragments traduits du *Corsaire*, de *Lara*, de *Manfred*. Je devins ivre de cette poésie. J'avais enfin trouvé la fibre sensible d'un poëte à l'unisson de mes voix intérieures. Je n'avais bu que quelques gouttes de cette poésie, mais c'était assez pour me faire comprendre un océan.

Rentré l'hiver suivant dans la solitude de la maison de mon père à Milly, le souvenir de ces vers et de ce jeune homme me revint un matin à la vue du mont Blanc que j'apercevais de ma fenêtre. Je m'assis au coin d'un petit feu de ceps de vigne que je laissai souvent éteindre dans la distraction entraînante de mes pensées ; et j'écrivis au crayon, sur mes genoux, et presque d'une seule haleine, cette Méditation à lord Byron. Ma mère, inquiète de ce que je ne descendais ni pour le déjeuner ni pour le dîner de famille, monta plusieurs fois pour m'arracher à mon poëme. Je lui lus plusieurs passages qui l'émurent profondément, surtout par la piété de sentiments et de résignation qui débordait des vers, et qui n'était qu'un écoulement de sa propre piété. Enfin, désespérant de me faire abandonner mon enthousiasme, elle m'apporta de ses propres mains un morceau de pain et quelques fruits secs, pour que je prisse un peu de nourriture, tout en continuant d'écrire. J'écrivis en effet la Méditation tout entière, d'un seul trait, en dix heures. Je descendis à la veillée, le front en sueur, au salon, et je lus le poëme à mon père. Il trouva les vers étranges, mais beaux. Ce fut ainsi qu'il apprit l'existence du poëte anglais et cette nature de poésie si différente de la poésie de la France.

Je n'adressai point ces vers à lord Byron. Je ne savais de lui que son nom, j'ignorais son séjour. J'ai lu depuis, dans ses Mémoires, qu'il avait entendu parler de cette Méditation d'un jeune Français, mais qu'il ne l'avait pas lue. Il ne savait pas notre langue. Ses amis, qui ne la savaient apparemment pas mieux, lui avaient dit que ces vers étaient une diatribe contre ses crimes. Cette sottise le réjouissait. Il aimait qu'on prît au sérieux sa nature surnaturelle et infernale ; il prétendait à la renommée du crime. C'était là sa faiblesse, une hypocrisie à rebours. Mes vers dormirent longtemps sans être publiés.

Je lus et je relus depuis, avec une admiration toujours plus passionnée, ceux de lord Byron. Ce fut un second Ossian pour moi, l'Ossian d'une société plus civilisée et presque corrompue par l'excès même de sa civilisation : la poésie de la satiété, du désenchantement et de la caducité de l'âge. Cette poésie me charma, mais elle ne corrompit pas mon bon sens naturel. J'en compris une autre, celle de la vérité, de la raison, de l'adoration et du courage.

Je souffris quand je vis, plus tard, lord Byron se faire le parodiste de l'amour, du génie et de l'humanité, dans son poëme de *Don Juan*.

Je jouis quand je le vis se relever de son scepticisme et de son épicurisme pour aller de son or et de son bras soutenir en Grèce la liberté renaissante d'une grande race. La mort le cueillit au moment le plus généreux et le plus véritablement épique de sa vie. Dieu semblait attendre son premier acte de vertu publique pour l'absoudre de sa vie par une sublime mort. Il mourut martyr volontaire d'une cause désintéressée. Il y a plus de poésie vraie et impérissable dans la tente où la fièvre le couche à Missolonghi, sous ses armes, que dans toutes ses œuvres. L'homme en lui a grandi ainsi le poëte, et le poëte à son tour immortalisera l'homme.

XII

LE PÈLERINAGE D'HAROLD

(INTRODUCTION)

I

Muse des derniers temps, divinité sublime
Qui des monts fabuleux n'habite plus la cime ;

Toi qui n'as pour séjour, pour temples, pour autels,
Que le sein frémissant des généreux mortels ;
Toi dont la main se plaît à couronner ta lyre
Des lauriers du combat, des palmes du martyre,
Et qui fais retentir l'Hémus ressuscité
Des noms vengeurs du Christ et de la liberté,
Sentiment plus qu'humain que l'homme déifie,
Viens seul : c'est à toi seul que mon cœur sacrifie !
Les siècles de l'erreur sont passés, l'homme est vieux ;
Ce monde, en grandissant, a détrôné ses dieux,
Comme l'homme qui touche à son adolescence
Brise les vains hochets de sa crédule enfance.
L'Olympe n'entend plus, sur ses sommets sacrés,
Hennir du dieu du jour les coursiers altérés ;
Jupiter voit sa foudre, entre ses mains brisée,
Des fils grossiers d'Omar provoquer la risée ;
Le Nil souille au désert de son impur limon
Les débris mutilés de l'antique Memnon ;
Délos n'a plus d'autels, Delphes n'a plus d'oracles :
Le temps a balayé le temple et les miracles.
Hors le culte éternel, vingt cultes différents,
Du stupide univers bienfaiteurs ou tyrans,
Ont passé : cherchez-les dans la cendre de Rome !...
Mais il reste à jamais au fond du cœur de l'homme
Deux sentiments divins, plus forts que le trépas :
L'amour, la liberté, dieux qui ne mourront pas !

II

L'amour ! je l'ai chanté, quand, plein de son délire,
Ce nom seul murmuré faisait vibrer ma lyre,
Et que mon cœur cédait au pouvoir d'un coup d'œil,
Comme la voile au vent qui la pousse à l'écueil.

J'aimai, je fus aimé, c'est assez pour ma tombe ;
Qu'on y grave ces mots, et qu'une larme y tombe !
Remplis seul aujourd'hui ma pensée et mes vers,
Toi qui naquis le jour où naquit l'univers,
Liberté ! premier don qu'un Dieu fit à la terre,
Qui marquas l'homme enfant d'un divin caractère,
Et qui fis reculer, à son premier aspect,
Les animaux tremblant d'un sublime respect ;
Don plus doux que le jour, plus brillant que la flamme,
Air pur, air éternel, qui fais respirer l'âme !
Trop souvent les mortels, du ciel même jaloux,
Se ravissent entre eux ce bien commun à tous :
Plus durs que le destin, dans d'indignes entraves,
De ce que Dieu fit libre ils ont fait des esclaves ;
Ils ont de ses saints droits dégradé la raison :
Qu'ai-je dit ? ils ont fait un crime de ton nom !
Mais, semblable à ce feu que le caillou recèle,
Dont l'acier fait jaillir la brûlante étincelle,
Dans les cœurs asservis tu dors ; tu ne meurs pas !
Et, quand mille tyrans enchaîneraient tes bras,
Sous le choc de ces fers dont leurs mains t'ont chargée
Tu jaillis tout à coup, et la terre est vengée !

III

Ces temps sont arrivés ! Aux rivages d'Argos
N'entends-tu pas ce cri qui monte sur les flots ?
C'est ton nom ! il franchit les écueils des Dactyles ;
Il réveille en sursaut l'écho des Thermopyles ;
Du Pinde et de l'Ithome il s'élance à la fois ;
La voix d'un peuple entier n'est qu'une seule voix :
Elle gronde, elle court, elle roule, elle tonne ;
Le sol sacré tressaille à ce bruit qui l'étonne,

Et, rouvrant ses tombeaux, enfante des soldats
Des os de Miltiade et de Léonidas !
N'entends-tu pas siffler sur les flots du Bosphore
Tous ces brûlots armés du feu qui les dévore ;
Qui, sillonnant la nuit l'archipel enflammé,
A travers les écueils dont Mégare est semé,
Comme un serpent de feu glissent dans les ténèbres,
Illuminent ces mers de cent phares funèbres,
Surprennent sur les flots leurs tyrans endormis,
Se cramponnent aux flancs des vaisseaux ennemis,
Et, leur dardant un feu que la vengeance allume,
Bénissent leur trépas, pourvu qu'il les consume ?...

Ce sont là les flambeaux dignes de tes autels !
Viens donc, dernier vengeur du destin des mortels,
Toi que la tyrannie osait nommer un rêve !
La croix dans une main et dans l'autre le glaive,
Viens voir, à la clarté de ces bûchers errants,
Ressusciter un peuple et périr des tyrans !

XIII

LA GRÈCE

Mais déjà le navire, aux lueurs de l'aurore,
Du sein brillant des mers voit une terre éclore ;
Terre dont l'Océan, avec un triste orgueil,
Semble encor murmurer le nom sur chaque écueil,
Et dont le souvenir, planant sur ses rivages,
Se répand sur les flots comme un parfum des âges.

C'est la Grèce ! A ce nom, à cet auguste aspect,
L'esprit anéanti de pitié, de respect,
Contemplant du destin le déclin et la cime,
De la gloire au néant a mesuré l'abîme.
Par les pas des tyrans ses bords sont profanés,
Ses temples sont détruits, ses peuples enchaînés,
Et sur l'autel du Christ, brisé par la conquête,
L'Ottoman fait baiser le turban du Prophète :
Mais, à travers ce deuil, le regard enchanté
Reconnaît en pleurant son antique beauté,
Et la nature au moins, par le temps rajeunie,
Y triomphe de l'homme et de la tyrannie.
C'est toujours le pays du soleil et des dieux !
Ses monts dressent encor leurs sommets dans les cieux,
Et, noyant les contours de leur cime azurée,
Semblent encor nager dans une onde éthérée.
Ses coteaux, abaissant leurs cintres inclinés,
Par l'arbre de Minerve à demi couronnés,
Expirent par degrés sur la plage sonore
Où Syrinx sous les flots semble gémir encore ;
Et, présentant aux yeux leurs penchants escarpés,
Du soleil tour à tour selon l'heure frappés,
Au mouvement du jour qui chasse l'ombre obscure,
Paraissent ondoyer en vagues de verdure.
Là, l'histoire et la fable ont semé leurs grands noms
Sur des débris sacrés, sur les mers, sur les monts.
Ce sommet, c'est le Pinde ! et ce fleuve est Alphée !
Chaque pierre a son nom, chaque écueil son trophée ;
Chaque flot a sa voix, chaque site a son dieu ;
Une ombre du passé plane sur chaque lieu.
Ces marais sont le Styx ! ce gouffre est la Chimère !
Et, touchés par les pieds de la muse d'Homère,

Ces bords où sont écrits vingt siècles éclatants,
Retentissant encor des pas lointains du temps,
D'un poëme scellé par la gloire et les âges
Semblent, à chaque pas, dérouler d'autres pages.

XIV

HOMÈRE

Homère ! à ce grand nom, du Pinde à l'Hellespont,
Les airs, les cieux, les flots, la terre, tout répond.
Monument d'un autre âge et d'une autre nature,
Homme, l'homme n'a plus de mot qui te mesure !
Son incrédule orgueil s'est lassé d'admirer,
Et, dans son impuissance à te rien comparer,
Il te confond de loin avec ces fables même,
Nuages du passé qui couvrent ton poëme.
Cependant tu fus homme, on le sent à tes pleurs ;
Un dieu n'eût pas si bien fait gémir nos douleurs !
Il faut que l'immortel qui touche ainsi notre âme
Ait sucé la pitié dans le lait d'une femme.
Mais dans ces premiers jours, où d'un limon moins vieux
La nature enfantait des monstres ou des dieux,
Le ciel t'avait créé, dans sa magnificence,
Comme un autre Océan, profond, sans rive, immense ;
Sympathique miroir qui, dans son sein flottant,
Sans altérer l'azur de son flot inconstant,
Réfléchit tour à tour les grâces de ses rives,
Les bergers poursuivant les nymphes fugitives,
L'astre qui dort au ciel, le mât brisé qui fuit,
Le vol de la tempête aux ailes de la nuit,

Ou les traits serpentants de la foudre qui gronde,
Rasant sa verte écume et s'éteignant dans l'onde !

Cependant l'univers, de tes traces rempli,
T'accueillit comme un dieu... par l'insulte et l'oubli !
On dit que, sur ces bords où règne ta mémoire,
Une lyre à la main, tu mendiais ta gloire !...
Ta gloire ! Ah ! qu'ai-je dit ? Ce céleste flambeau
Ne fut aussi pour toi que l'astre du tombeau !
Tes rivaux, triomphant des malheurs de ta vie,
Plaçant entre elle et toi les ombres de l'envie,
Disputèrent encore à ton dernier regard
L'éclat de ce soleil qui se lève si tard.
La pierre du cercueil ne sut pas t'en défendre ;
Et, de ces vils serpents qui rongèrent ta cendre,
Sont nés, pour dévorer les restes d'un grand nom,
Pour souiller la vertu d'un éternel poison,
Ces insectes impurs, ces ténébreux reptiles,
Héritiers de la honte et du nom des Zoïles,
Qui, pareils à ces vers par la tombe nourris,
S'acharnent sur la gloire et vivent de mépris !

C'est la loi du destin, c'est le sort de tout âge :
Tant qu'il brille ici-bas, tout astre a son nuage.
Le bruit d'un nom fameux, de trop près entendu,
Ressemble aux sons heurtés de l'airain suspendu
Qui, répandant sa voix dans les airs qu'il éveille,
Ébranle tout le temple et tourmente l'oreille ;
Mais qui, vibrant de loin, et d'échos en échos
Roulant ses sons éteints dans les bois, sur les flots,
Comme un céleste accent, dans la vague soupire,
Dans l'oreille attentive avec mollesse expire,

Attendrit la pensée, élève l'âme aux cieux,
De ses accords sacrés charme l'homme pieux,
Et, tandis que le son lentement s'évapore,
Au bruit qu'il n'entend plus le fait rêver encore.

. . . .
. . . .

XV

UNE NUIT A GÊNES

Il est nuit ; mais la nuit sous ce ciel n'a point d'ombre :
Son astre, suspendu dans un dôme moins sombre,
Blanchit de ses lueurs des bords silencieux
Où la vague se teint du bleu pâle des cieux ;
Où la côte des mers, de cent golfes coupée,
Tantôt humble et rampante et tantôt escarpée,
Sur un sable argenté vient mourir mollement,
Ou gronde sous le choc de son flot écumant.
De leurs vastes remparts les Alpes l'environnent ;
Leurs sommets colorés, que les neiges couronnent,
De colline en colline abaissés par degrés,
Montrent, près de l'hiver, des climats tempérés
Où l'aquilon, fuyant de son âpre royaume,
De leurs tièdes parfums s'attiédit et s'embaume.

A travers des cyprès dont l'immobilité,
Symbole de tristesse et d'immortalité,
Projette sur les murs ses ombres sépulcrales
Que les reflets du ciel percent par intervalles,

S'étend sur la colline un champêtre séjour :
Un long buisson de myrte en trace le contour ;
Sur des gazons naissants, de flexibles allées,
D'un rideau de verdure à peine encor voilées,
Égarant au hasard leur cours capricieux,
Conduisent, en tournant, ou les pas ou les yeux
Jusqu'au seuil où, formant de vertes colonnades,
La clématite en fleur se suspend aux arcades ;
Sur les toits aplatis, des jardins d'oranger
Ornent de leurs fruits d'or leur feuillage étranger ;
L'eau fuit dans les bassins, et, quand le jour expire,
Imite en murmurant les frissons du zéphire.
De là, l'œil enchanté voit, au pied des coteaux,
Gênes, fille des mers, sortir du sein des eaux,
Les dômes élancés de ses saintes demeures,
D'où l'airain frémissant fait résonner les heures,
Et les mâts des vaisseaux qui, dormant dans ses ports,
S'élèvent au niveau des palais de ses bords,
Et, quand le flot captif les presse et les soulève,
D'un lourd gémissement font retentir la grève.

XVI

PAYSAGE DANS LE GOLFE DE GÊNES

La lune est dans le ciel, et le ciel est sans voiles :
Comme un phare avancé sur un rivage obscur,
Elle éclaire de loin la route des étoiles
Et leur sillage blanc dans l'océan d'azur.

A sa clarté tremblante et tendre,
L'œil qu'elle attire aime à descendre
Les molles pentes des coteaux,
A longer ces golfes sans nombre
Où la terre embrasse dans l'ombre
Les replis sinueux des eaux.

Il aime à parcourir la voûte
Où son disque trace la route
Des astres noyés dans les airs,
A compter la foule azurée
Des étoiles dans l'empyrée,
Et des vagues au bord des mers.

A travers l'ombre opaque et noire
Des hauts cyprès du promontoire,
Il voit, sur l'humide élément,
Chaque flot où sa lueur nage
Rouler, en mourant sur la plage,
Une écume, un gémissement.

Couverte de sa voile blanche,
La barque, sous son mât qui penche,
Glisse et creuse un sillon mouvant;
De la rive on entend encore
Palpiter la toile sonore
Sous l'aile orageuse du vent.

Astre aux rayons muets, que ta splendeur est douce
Quand tu cours sur les monts, quand tu dors sur la mousse,
Que tu trembles sur l'herbe ou sur les blancs rameaux,
Ou qu'avec l'alcyon tu flottes sur les eaux !

Mais pourquoi t'éveiller quand tout dort sur la terre?
Astre inutile à l'homme, en toi tout est mystère;
Tu n'es pas son fanal, et tes molles lueurs
Ne savent pas mûrir les fruits de ses sueurs ;
Il ne mesure rien aux clartés que tu prêtes,
Il ne t'appelle pas pour éclairer ses fêtes,
Mais, fermant sa demeure aux célestes clartés,
Il s'éclaire de feux à la terre empruntés.
Quand la nuit vient t'ouvrir ta modeste carrière,
Tu trouves tous les yeux fermés à ta lumière,
Et le monde, insensible à ton morne retour,
Froid comme ces tombeaux objets de ton amour !
A peine, sous ce ciel où la nuit suit tes traces,
Un œil s'aperçoit-il seulement que tu passes,
Hors un pauvre pêcheur soupirant vers le bord,
Qui, tandis que le vent le berce loin du port,
Demande à tes rayons de blanchir la demeure
Où de son long retard ses enfants comptent l'heure ;
Ou quelque malheureux qui, l'œil fixé sur toi,
Pense au monde invisible et rêve ainsi que moi !

Ah ! si j'en crois mon cœur et ta sainte influence,
Astre ami du repos, des songes, du silence,
Tu ne te lèves pas seulement pour nos yeux ;
Mais, du monde moral flambeau mystérieux,
A l'heure où le sommeil tient la terre oppressée,
Dieu fit de tes rayons le jour de la pensée !
Ce jour inspirateur, et qui la fait rêver,
Vers les choses d'en haut l'invite à s'élever ;
Tu lui montres de loin, dans l'azur sans limite,
Cet espace infini que sans cesse elle habite ;
Tu luis entre elle et Dieu comme un phare éternel,

Comme ce feu marchant que suivait Israël ;
Et tu guides ses yeux, de miracle en miracle,
Jusqu'au seuil éclatant du divin tabernacle
Où Celui dont le nom n'est pas encor trouvé,
Quoique en lettres de feu sur les sphères gravé,
Autour de sa splendeur multipliant les voiles,
Sema derrière lui ses portiques d'étoiles !
Luis donc, astre pieux, devant ton Créateur !
Et si tu vois Celui d'où coule ta splendeur,
Dis-lui que, sur un point de ces globes funèbres
Dont tes rayons lointains consolaient les ténèbres,
Un atome perdu dans son immensité
Murmurait dans la nuit son nom à ta clarté !

  Où vont ces rapides nuages
Que roule à flocons d'or l'haleine des autans ?
  Ils semblent, d'instants en instants,
De la terre et des flots retracer les images
Dans leurs groupes épars et leurs miroirs flottants.

  Tantôt leurs couches allongées
  S'étendent en vastes niveaux,
  Comme des côtes qu'ont rongées
  Le temps, la tempête et les eaux ;
  Des rochers pendent en ruine
  Sur ces océans que domine
  Leur flanc tout sillonné d'éclairs :
  L'œil qui mesure ces rivages
  Voit étinceler sur leurs plages
  L'écume flottante des mers.

Tantôt en montagnes sublimes
Ils dressent leurs sommets brûlants;
La lumière éblouit leurs cimes,
Les ténèbres couvrent leurs flancs,
Des torrents jaunis les sillonnent,
De brillants glaciers les couronnent,
Et, de leur sommet qui fléchit,
Un flocon que le vent assiége,
Comme une avalanche de neige,
S'écroule à leurs pieds, qu'il blanchit.

Là leurs gigantesques fantômes
Imitent les murs des cités,
Les palais, les tours et les dômes,
Qu'ils ont tour à tour visités;
Là s'élèvent des colonnades;
Ici, sous de longues arcades
Où l'aurore enfonce ses traits,
Un rayon qui perce la nue
Semble illuminer l'avenue
De quelque céleste palais.

Mais, sous l'aquilon qui les roule
En mille plis capricieux,
Tours, palais, temples, tout s'écroule,
Tout fond dans le vide des cieux;
Ce n'est plus qu'un troupeau candide,
Qu'un pasteur invisible guide
Dans les plaines de l'horizon;
Sous ses pas l'azur se dévoile,
Et le vent, d'étoile en étoile,
Disperse leur blanche toison.

Redescendez, mes yeux, des célestes campagnes !
Voyez, sur ces rochers que l'écume a polis,
Voyez étinceler aux flancs de ces montagnes
Tous ces torrents sans source et ces fleuves sans lits.
La cascade qui pleut dans le gouffre qui tonne
Frappe l'air assourdi de son bruit monotone ;
L'œil fasciné la cherche à travers les rameaux,
L'oreille attend en vain que son urne tarisse :
    De précipice en précipice,
Débordant, débordant à flots toujours nouveaux,
Elle tombe, et se brise, et bondit, et tournoie,
Et, du fond de l'abîme où l'écume se noie,
Se remonte elle-même en liquides réseaux,
Comme un cygne argenté qui s'élève et déploie
    Ses blanches ailes sur les eaux !

Que j'aime à contempler dans cette anse écartée
La mer qui vient dormir sur la grève argentée,
    Sans soupir et sans mouvement !
Le soir retient ici son haleine expirante,
De crainte de ternir la glace transparente
    Où se mire le firmament.

De deux bras arrondis, la terre qui l'embrasse
A la vague orageuse interdit cet espace
    Que borde un cercle de roseaux ;
Et d'un sable brillant une frange plus vive
Y serpente partout entre l'onde et la rive
    Pour amollir le lit des eaux.

Là tremblent dans l'azur les muettes étoiles;
Là dort le mât penché, dépouillé de ses voiles ;
　　Là quelques pauvres matelots,
Sur le pont d'un esquif qu'a fatigué la lame,
De leurs foyers flottants ont rallumé la flamme,
　　Et vont se reposer des flots.

De colline en colline, et d'étage en étage,
Les monts, dont ce miroir fait onduler l'image,
　　Descendent jusqu'au lit des mers ;
Et leurs flancs, hérissés d'une sombre verdure,
Par le contraste heureux de leur noire ceinture,
　　Y font briller des flots plus clairs.

Le chêne aux bras tendus penche son tronc sur l'onde ;
Le tortueux figuier dans la mer qui l'inonde
　　Baigne, en pliant, ses lourds rameaux ;
Et la vigne, y jetant ses guirlandes trempées,
Laisse pendre et flotter ses feuilles découpées,
　　Où tremblent les reflets des eaux.

La lune, qui se penche au bord de la vallée,
Distille un jour égal, une aurore voilée,
　　Sur ce golfe silencieux ;
La mer n'a plus de flots, les bois plus de murmure,
Et la brise incertaine y flotte à l'aventure,
　　Ivre des parfums de ces lieux.

Sur ce site enchanté, mon âme qu'il attire
S'abat comme le cygne, et s'apaise et soupire
　　A cette image du repos.

Que ne peut-elle, ô mer, sur tes bords qu'elle envie,
Trouver comme ta vague un golfe dans la vie,
  Pour s'endormir avec tes flots !

  Mais quel bruit m'arrache à ce songe ?
C'est l'airain frémissant dans les tours des cités,
Le roulement des chars qu'un sourd écho prolonge,
Le marteau qui retombe à coups précipités,
L'enclume qui gémit, les coursiers qui hennissent,
Les instruments guerriers qui tonnent ou frémissent,
Des pas, des cris, des chants, des murmures confus,
Et des vaisseaux partants les roulantes volées,
  Et des clameurs entremêlées
  De silences interrompus.

L'air, chargé de ces sons qu'il emporte sur l'onde,
Et que chaque minute étouffe et reproduit,
Semble, comme une mer où la tempête gronde,
Rouler des flots de voix et des vagues de bruit.

Voilà donc le séjour d'un peuple, et le murmure
  De ces innombrables essaims
Que la terre produit et dévore à mesure,
De leur vaine existence, hélas ! encor si vains !
Tandis que la nature et les astres sommeillent
  Dans un repos silencieux,
Aux lueurs des flambeaux, ces insectes qui veillent
Troublent seuls de leur bruit les mystères des cieux.
Ils veillent, et pourquoi ? Pour que je les entende,
Pour que le bruit qu'ils font revienne les frapper,

Pour que leur pas résonne et leur nom se répande,
Pour se tromper eux-même, ô mort, et te tromper !
Oui, du haut de ce tertre où mon pied les domine,
Je les entends encor! mais, si je fais un pas,
Si je double le cap ou franchis la colline,
Ce grand bruit, expirant sur la plage voisine,
    Sera comme s'il n'était pas !...

Avant que du zéphyr la printanière haleine
Ait cessé de verdir les feuilles de ce chêne
    Qui compte déjà cent hivers ;
Avant que cette pierre au bord des flots roulée,
Et qui tremble déjà sur sa base ébranlée,
    Ait croulé sous le choc des mers ;

Ces pas, ces voix, ces cris, cette rumeur immense,
Seront déjà rentrés dans l'éternel silence,
Les générations rouleront d'autres flots,
Et ce bruit insensé, que l'homme croit sublime,
Se sera pour jamais étouffé dans l'abîme,
    L'abîme qui n'a plus d'échos !

« Mais où donc est ton Dieu ? » me demandent les sages.
Mais où donc est mon Dieu ? Dans toutes ces images,
    Dans ces ondes, dans ces nuages,
Dans ces sons, ces parfums, ces silences des cieux,
Dans ces ombres du soir qui des hauts lieux descendent,
Dans ce vide sans astre, et dans ces champs de feux,
Et dans ces horizons sans bornes, qui s'étendent
Plus haut que la pensée et plus loin que les yeux !

Il est une langue inconnue
Que parlent les vents dans les airs,
La foudre et l'éclair dans la nue,
La vague aux bords grondants des mers,
L'étoile de ses feux voilée,
L'astre endormi sur la vallée,
Le chant lointain des matelots,
L'horizon fuyant dans l'espace,
Et ce firmament que retrace
Le cristal ondulant des flots ;

Les mers d'où s'élance l'aurore,
Les montagnes où meurt le jour,
La neige que le matin dore,
Le soir qui s'éteint sur la tour,
Le bruit qui tombe et recommence,
Le cygne qui nage ou s'élance,
Le frémissement des cyprès,
Les vieux temples sur les collines,
Les souvenirs dans les ruines,
Le silence au fond des forêts ;

Les grandes ombres que déroulent
Les sommets que l'astre a quittés,
Les bruits majestueux qui roulent
Du sein orageux des cités,
Les reflets tremblants des étoiles,
Les soupirs du vent dans les voiles,
La foudre et son sublime effroi,
La nuit, les déserts, les orages :
Et, dans tous ces accents sauvages,
Cette langue parle de toi !

De toi, Seigneur, être de l'être !
Vérité, vie, espoir, amour !
De toi que la nuit veut connaître,
De toi que demande le jour,
De toi que chaque son murmure,
De toi que l'immense nature
Dévoile et n'a pas défini,
De toi que ce néant proclame,
Source, abîme, océan de l'âme,
Et qui n'a qu'un nom : l'Infini !

Ici-bas toute créature
Entend tes sublimes accents,
O langue ! et, selon sa mesure,
En pénètre plus loin le sens :
Mais plus notre esprit, qu'elle atterre,
En dévoile le saint mystère,
Plus du monde il est dégoûté ;
Un poids accable sa faiblesse,
Une solitaire tristesse
Devient sa seule volupté.

Ainsi, quand notre humble paupière,
Contemplant l'occident vermeil,
Fixe au terme de sa carrière
Le lit enflammé du soleil,
Le regard qu'éblouit sa face
Retombe soudain dans l'espace
Comme frappé d'aveuglement ;
Il ne voit que des points funèbres,
Vide, solitude et ténèbres,
Dans le reste du firmament.

O Dieu, tu m'as donné d'entendre
Ce verbe, ou plutôt cet accord,
Tantôt majestueux et tendre,
Tantôt triste comme la mort !
Depuis ce jour, Seigneur, mon âme
Converse avec l'onde et la flamme,
Avec la tempête et la nuit :
Là chaque mot est une image,
Et je rougis de ce langage
Dont la parole n'est qu'un bruit !

O terre, ô mer, ô nuit, que vous avez de charmes !
Miroir éblouissant d'éternelle beauté,
Pourquoi, pourquoi mes yeux se voilent-ils de larmes
    Devant ce spectacle enchanté ?
Pourquoi devant ce ciel, devant ces flots qu'elle aime,
Mon âme sans chagrin gémit-elle en moi-même ?
    Jéhovah, beauté suprême !
C'est qu'à travers ton œuvre elle a cru te saisir ;
C'est que de tes grandeurs l'ineffable harmonie
N'est qu'un premier degré de l'échelle infinie
Qu'elle s'élève à toi de désir en désir,
Et que plus elle monte et plus elle mesure
L'abîme qui sépare et l'homme et la nature
    De toi, mon Dieu, son seul soupir !

Noyez-vous donc, mes yeux, dans ces flots de tristesse ;
Soulève-toi, mon cœur, sous ce poids qui t'oppresse ;
Élance-toi, mon âme, et, d'essor en essor,
Remonte de ce monde aux beautés éternelles,
Et demande à la mort de te prêter ses ailes,
Et, toujours aspirant à des splendeurs nouvelles,
    Crie au Seigneur : « Encore, encor ! »

C'était en 1824. Je voyageais entre Gênes et la Spezzia pendant une magnifique nuit d'été. Une lune splendide éclairait la mer. Les pins parasols, les oliviers, les châtaigniers, les rochers de la côte, obscurcissaient la terre. A chaque tournant du cap, à chaque échancrure de la rive, à chaque embouchure des montagnes de Gênes, la scène changeait. Le vertige de la course fougueuse des chevaux s'ajoutait au vertige de l'admiration pour ce sublime et mystérieux spectacle : les parfums qui s'exhalaient des champs de fleurs cultivées pour ces bouquets dont les Génois ont fait un art, une tapisserie végétale, achevaient de m'enivrer. Ce fut une ivresse de la terre, de la mer et de la nuit, une fièvre d'enthousiasme pour ce beau pays ; je ne songeais pas à rien écrire, j'avais le cœur plein d'autres pensées. Mais, quelques mois après, étant à Livourne, rivage terne et sans poésie, je me souvins de cette nuit sur la Corniche, et j'essayai de la reproduire ici.

(*Note de l'auteur.*)

XVII

FERRARE

IMPROVISÉ EN SORTANT DU CACHOT DU TASSE

Que l'on soit homme ou Dieu, tout génie est martyre :
Du supplice plus tard on baise l'instrument ;
L'homme adore la croix où sa victime expire,
Et du cachot du Tasse enchâsse le ciment.

Prison du Tasse ici, de Galilée à Rome,
Échafaud de Sidney, bûchers, croix ou tombeaux,
Ah ! vous donnez le droit de bien mépriser l'homme
Qui veut que Dieu l'éclaire, et qui hait ses flambeaux !

Grand parmi les petits, libre chez les serviles,
Si le génie expire, il l'a bien mérité ;
Car nous dressons partout aux portes de nos villes
Ces gibets de la gloire et de la vérité.

Loin de nous amollir, que ce sort nous retrempe !
Sachons le prix du don, mais ouvrons notre main.
Nos pleurs et notre sang sont l'huile de la lampe
Que Dieu nous fait porter devant le genre humain !

XVIII

MILLY

OU LA TERRE NATALE

Pourquoi le prononcer ce nom de la patrie ?
Dans son brillant exil mon cœur en a frémi ;
Il résonne de loin dans mon âme attendrie,
Comme les pas connus ou la voix d'un ami [1].

Montagnes que voilait le brouillard de l'automne,
Vallons que tapissait le givre du matin,
Saules dont l'émondeur effeuillait la couronne,
Vieilles tours que le soir dorait dans le lointain,

Murs noircis par les ans, coteaux, sentier rapide,
Fontaine où les pasteurs accroupis tour à tour
Attendaient goutte à goutte une eau rare et limpide,
Et, leur urne à la main, s'entretenaient du jour ;

---

1. Quand il écrivit cette Harmonie, l'auteur était en Italie.

Chaumière où du foyer étincelait la flamme,
Toit que le pèlerin aimait à voir fumer,
Objets inanimés, avez-vous donc une âme
Qui s'attache à notre âme et la force d'aimer?

J'ai vu des cieux d'azur, où la nuit est sans voiles,
Dorés jusqu'au matin sous les pieds des étoiles,
Arrondir sur mon front, dans leur arc infini,
Leur dôme de cristal qu'aucun vent n'a terni;
J'ai vu des monts voilés de citrons et d'olives
Réfléchir dans les eaux leurs ombres fugitives,
Et dans leurs frais vallons, au souffle du zéphyr,
Bercer sur l'épi mûr le cep prêt à mûrir;
Sur des bords où les mers ont à peine un murmure,
J'ai vu des flots brillants l'onduleuse ceinture
Presser et relâcher dans l'azur de ses plis
De leurs caps dentelés les contours assouplis,
S'étendre dans le golfe en nappes de lumière,
Blanchir l'écueil fumant de gerbes de poussière,
Porter dans le lointain d'un occident vermeil
Des îles qui semblaient le lit d'or du soleil,
Ou, s'ouvrant devant moi sans rideau, sans limite,
Me montrer l'infini que le mystère habite;
J'ai vu ces fiers sommets, pyramides des airs,
Où l'été repliait le manteau des hivers,
Jusqu'au sein des vallons descendant par étages,
Entrecouper leurs flancs de hameaux et d'ombrages,
De pics et de rochers ici se hérisser,
En pentes de gazon plus loin fuir et glisser,
Lancer en arcs fumants, avec un bruit de foudre,
Leurs torrents en écume et leurs fleuves en poudre,
Sur leurs flancs éclairés, obscurcis tour à tour,

Former des vagues d'ombre et des îles de jour,
Creuser de frais vallons que la pensée adore,
Remonter, redescendre, et remonter encore,
Puis des derniers degrés de leurs vastes remparts,
A travers les sapins et les chênes épars,
Dans le miroir des lacs qui dorment sous leur ombre
Jeter leurs reflets verts ou leur image sombre,
Et sur le tiède azur de ces limpides eaux
Faire onduler leur neige et flotter leurs coteaux ;
J'ai visité ces bords et ce divin asile
Qu'a choisis pour dormir l'ombre du doux Virgile,
Ces champs que la Sibylle à ses yeux déroula,
Et Cume, et l'Élysée : et mon cœur n'est pas là !...

Mais il est sur la terre une montagne aride
Qui ne porte en ses flancs ni bois ni flot limpide,
Dont par l'effort des ans l'humble sommet miné,
Et sous son propre poids jour par jour incliné,
Dépouillé de son sol fuyant dans les ravines,
Garde à peine un buis sec qui montre ses racines,
Et se couvre partout de rocs prêts à crouler
Que sous son pied léger le chevreau fait rouler.
Ces débris, par leur chute, ont formé d'âge en âge
Un coteau qui décroît et, d'étage en étage,
Porte, à l'abri des murs dont ils sont étayés,
Quelques avares champs de nos sueurs payés,
Quelques ceps dont les bras, cherchant en vain l'érable,
Serpentent sur la terre ou rampent sur le sable,
Quelques buissons de ronce, où l'enfant des hameaux
Cueille un fruit oublié qu'il dispute aux oiseaux,
Où la maigre brebis des chaumières voisines
Broute en laissant sa laine en tribut aux épines :

Lieux que ni le doux bruit des eaux pendant l'été,
Ni le frémissement du feuillage agité,
Ni l'hymne aérien du rossignol qui veille,
Ne rappellent au cœur, n'enchantent pour l'oreille,
Mais que, sous les rayons d'un ciel toujours d'airain,
La cigale assourdit de son cri souterrain.
Il est dans ces déserts un toit rustique et sombre
Que la montagne seule abrite de son ombre,
Et dont les murs, battus par la pluie et les vents,
Portent leur âge écrit sous la mousse des ans.
Sur le seuil désuni de trois marches de pierre
Le hasard a planté les racines d'un lierre
Qui, redoublant cent fois ses nœuds entrelacés,
Cache l'affront du temps sous ses bras élancés,
Et, recourbant en arc sa volute rustique,
Fait le seul ornement du champêtre portique.
Un jardin, qui descend au revers d'un coteau,
Y présente au couchant son sable altéré d'eau ;
La pierre sans ciment, que l'hiver a noircie,
En borne tristement l'enceinte rétrécie ;
La terre, que la bêche ouvre à chaque saison,
Y montre à nu son sein sans ombre et sans gazon ;
Ni tapis émaillés, ni cintres de verdure,
Ni ruisseau sous des bois, ni fraîcheur, ni murmure ;
Seulement sept tilleuls par le soc oubliés,
Protégeant un peu d'herbe étendue à leurs pieds,
Y versent dans l'automne une ombre tiède et rare,
D'autant plus douce au front sous un ciel plus avare ;
Arbres dont le sommeil et des songes si beaux
Dans mon heureuse enfance habitaient les rameaux !
Dans le champêtre enclos qui soupire après l'onde,
Un puits dans le rocher cache son eau profonde,

Où le vieillard qui puise, après de longs efforts,
Dépose en gémissant son urne sur les bords ;
Une aire où le fléau sur l'argile étendue
Bat à coups cadencés la gerbe répandue,
Où la blanche colombe et l'humble passereau
Se disputent l'épi qu'oublia le râteau ;
Et sur la terre épars des instruments rustiques,
Des jougs rompus, des chars dormant sous les portiques,
Des essieux dont l'ornière a brisé les rayons,
Et des socs émoussés qu'ont usés les sillons.

Rien n'y console l'œil de sa prison stérile,
Ni les dômes dorés d'une superbe ville,
Ni le chemin poudreux, ni le fleuve lointain,
Ni les toits blanchissants aux clartés du matin :
Seulement, répandus de distance en distance,
De sauvages abris qu'habite l'indigence,
Le long d'étroits sentiers en désordre semés,
Montrent leur toit de chaume et leurs murs enfumés,
Où le vieillard, assis au bord de sa demeure,
Dans son berceau de jonc endort l'enfant qui pleure ;
Enfin un sol sans ombre et des cieux sans couleur,
Et des vallons sans onde ! — Et c'est là qu'est mon cœur !
Ce sont là les séjours, les sites, les rivages,
Dont mon âme attendrie évoque les images,
Et dont pendant les nuits mes songes les plus beaux
Pour enchanter mes yeux composent leurs tableaux !

Là chaque heure du jour, chaque aspect des montagnes,
Chaque son qui le soir s'élève des campagnes ;
Chaque mois qui revient, comme un pas des saisons,
Reverdir ou faner les bois ou les gazons ;

La lune qui décroît ou s'arrondit dans l'ombre,
L'étoile qui gravit sur la colline sombre ;
Les troupeaux des hauts lieux chassés par les frimas
Des coteaux aux vallons descendant pas à pas ;
Le vent, l'épine en fleur, l'herbe verte ou flétrie,
Le soc dans le sillon, l'onde dans la prairie,
Tout m'y parle une langue aux intimes accents,
Dont les mots entendus dans l'âme et dans les sens
Sont des bruits, des parfums, des foudres, des orages,
Des rochers, des torrents, et ces douces images,
Et ces vieux souvenirs dormant au fond de nous,
Qu'un site nous conserve et qu'il nous rend plus doux.
Là mon cœur en tout lieu se retrouve lui-même ;
Tout s'y souvient de moi, tout m'y connaît, tout m'aime !
Mon œil trouve un ami dans tout cet horizon ;
Chaque arbre a son histoire et chaque pierre un nom.
Qu'importe que ce nom, comme Thèbe ou Palmyre,
Ne nous rappelle pas les fastes d'un empire,
Le sang humain versé pour le choix des tyrans,
Ou ces fléaux de Dieu que l'homme appelle grands !
Ce site où la pensée a rattaché sa trame,
Ces lieux encor tout pleins des fastes de notre âme,
Sont aussi grands pour nous que ces champs du destin
Où naquit, où tomba quelque empire incertain :
Rien n'est vil ! rien n'est grand ! l'âme en est la mesure.
Un cœur palpite au nom de quelque humble masure,
Et sous les monuments des héros et des dieux
Le pasteur passe et siffle en détournant les yeux.

Voilà le banc rustique où s'asseyait mon père,
La salle où résonnait sa voix mâle et sévère,

Quand les pasteurs, assis sur leurs socs renversés,
Lui comptaient les sillons par chaque heure tracés,
Ou qu'encor palpitant des scènes de sa gloire,
De l'échafaud des rois il nous disait l'histoire,
Et, plein du grand combat qu'il avait combattu,
En racontant sa vie enseignait la vertu !
Voilà la place vide où ma mère à toute heure
Au plus léger soupir sortait de sa demeure,
Et, nous faisant porter ou la laine ou le pain,
Vêtissait l'indigence ou nourrissait la faim ;
Voilà les toits de chaume où sa main attentive
Versait sur la blessure ou le miel ou l'olive,
Ouvrait près du chevet des vieillards expirants
Ce livre où l'espérance est permise aux mourants,
Recueillait leurs soupirs sur leur bouche oppressée,
Faisait tourner vers Dieu leur dernière pensée,
Et, tenant par la main les plus jeunes de nous,
A la veuve, à l'enfant, qui tombaient à genoux,
Disait, en essuyant les pleurs de leurs paupières :
« Je vous donne un peu d'or, rendez-leur vos prières ! »
Voilà le seuil, à l'ombre, où son pied nous berçait,
La branche du figuier que sa main abaissait ;
Voici l'étroit sentier où, quand l'airain sonore
Dans le temple lointain vibrait avec l'aurore,
Nous montions sur sa trace à l'autel du Seigneur
Offrir deux purs encens, innocence et bonheur !
C'est ici que sa voix pieuse et solennelle
Nous expliquait un Dieu que nous sentions en elle,
Et, nous montrant l'épi dans son germe enfermé,
La grappe distillant son breuvage embaumé,
La génisse en lait pur changeant le suc des plantes,
Le rocher qui s'entr'ouvre aux sources ruisselantes,

La laine des brebis dérobée aux rameaux
Servant à tapisser les doux nids des oiseaux,
Et le soleil exact à ses douze demeures
Partageant aux climats les saisons et les heures,
Et ces astres des nuits que Dieu seul peut compter,
Mondes où la pensée ose à peine monter,
Nous enseignait la foi par la reconnaissance,
Et faisait admirer à notre simple enfance
Comment l'astre et l'insecte invisible à nos yeux
Avaient, ainsi que nous, leur père dans les cieux !
Ces bruyères, ces champs, ces vignes, ces prairies,
Ont tous leurs souvenirs et leurs ombres chéries.
Là mes sœurs folâtraient, et le vent dans leurs jeux
Les suivait en jouant avec leurs blonds cheveux ;
Là, guidant les bergers au sommet des collines,
J'allumais des bûchers de bois mort et d'épines,
Et mes yeux, suspendus aux flammes du foyer,
Passaient heure après heure à les voir ondoyer.
Là, contre la fureur de l'aquilon rapide,
Le saule caverneux nous prêtait son tronc vide,
Et j'écoutais siffler dans son feuillage mort
Des brises dont mon âme a retenu l'accord.
Voilà le peuplier qui, penché sur l'abîme,
Dans la saison des nids nous berçait sur sa cime,
Le ruisseau dans les prés dont les dormantes eaux
Submergeaient lentement nos barques de roseaux,
Le chêne, le rocher, le moulin monotone,
Et le mur au soleil où, dans les jours d'automne,
Je venais sur la pierre, assis près des vieillards,
Suivre le jour qui meurt de mes derniers regards.
Tout est encor debout, tout renaît à sa place ;
De nos pas sur le sable on suit encor la trace ;

Rien ne manque à ces lieux qu'un cœur pour en jouir :
Mais, hélas ! l'heure baisse, et va s'évanouir !

La vie a dispersé, comme l'épi sur l'aire,
Loin du champ paternel les enfants et la mère,
Et ce foyer chéri ressemble aux nids déserts
D'où l'hirondelle a fui pendant de longs hivers.
Déjà l'herbe qui croît sur les dalles antiques
Efface autour des murs les sentiers domestiques,
Et le lierre, flottant comme un manteau de deuil,
Couvre à demi la porte et rampe sur le seuil.
Bientôt peut-être... Écarte, ô mon Dieu, ce présage !
Bientôt un étranger, inconnu du village,
Viendra, l'or à la main, s'emparer de ces lieux
Qu'habite encor pour nous l'ombre de nos aïeux,
Et d'où nos souvenirs des berceaux et des tombes
S'enfuiront à sa voix, comme un nid de colombes
Dont la hache a fauché l'arbre dans les forêts,
Et qui ne savent plus où se poser après !

Ne permets pas, Seigneur, ce deuil et cet outrage !
Ne souffre pas, mon Dieu, que notre humble héritage
Passe de mains en mains troqué contre un vil prix,
Comme le toit du vice ou le champ des proscrits ;
Qu'un avide étranger vienne d'un pied superbe
Fouler l'humble sillon de nos berceaux sur l'herbe,
Dépouiller l'orphelin, grossir, compter son or
Aux lieux où l'indigence avait seule un trésor,
Et blasphémer ton nom sous ces mêmes portiques
Où ma mère à nos voix enseignait tes cantiques !
Ah ! que plutôt cent fois, aux vents abandonné,
Le toit pende en lambeaux sur le mur incliné ;

Que les fleurs du tombeau, les mauves, les épines,
Sur les parvis brisés germent dans les ruines ;
Que le lézard dormant s'y réchauffe au soleil,
Que Philomèle y chante aux heures du sommeil ;
Que l'humble passereau, les colombes fidèles,
Y rassemblent en paix leurs petits sous leurs ailes,
Et que l'oiseau du ciel vienne bâtir son nid
Aux lieux où l'innocence eut autrefois son lit !

Ah ! si le nombre écrit sous l'œil des destinées
Jusqu'aux cheveux blanchis prolonge mes années,
Puissé-je, heureux vieillard, y voir baisser mes jours
Parmi ces monuments de mes simples amours !
Et, quand ces toits bénis et ces tristes décombres
Ne seront plus pour moi peuplés que par des ombres,
Y retrouver au moins dans les noms, dans les lieux,
Tant d'êtres adorés disparus de mes yeux !
Et vous qui survivrez à ma cendre glacée,
Si vous voulez charmer ma dernière pensée,
Un jour élevez-moi... Non, ne m'élevez rien !
Mais, près des lieux où dort l'humble espoir du chrétien,
Creusez-moi dans ces champs la couche que j'envie,
Et ce dernier sillon où germe une autre vie !
Étendez sur ma tête un lit d'herbes des champs
Que l'agneau du hameau broute encore au printemps,
Où l'oiseau dont mes sœurs ont peuplé ces asiles
Vienne aimer et chanter durant mes nuits tranquilles.
Là, pour marquer la place où vous m'allez coucher,
Roulez de la montagne un fragment du rocher ;
Que nul ciseau surtout ne le taille et n'efface
La mousse des vieux jours qui brunit sa surface
Et, d'hiver en hiver incrustée à ses flancs,

Donne en lettre vivante une date à ses ans !
Point de siècle ou de nom sur cette agreste page !
Devant l'éternité tout siècle est du même âge,
Et celui dont la voix réveille le trépas
Au défaut d'un vain nom ne nous oubliera pas !
Là, sous des cieux connus, sous les collines sombres
Qui couvrirent jadis mon berceau de leurs ombres,
Plus près du sol natal, de l'air et du soleil,
D'un sommeil plus léger j'attendrai le réveil !
Là ma cendre, mêlée à la terre qui m'aime,
Retrouvera la vie avant mon esprit même,
Verdira dans les prés, fleurira dans les fleurs,
Boira des nuits d'été les parfums et les pleurs ;
Et, quand du jour sans soir la première étincelle
Viendra m'y réveiller pour l'aurore éternelle,
En ouvrant mes regards je reverrai des lieux
Adorés de mon cœur et connus de mes yeux,
Les pierres du hameau, le clocher, la montagne,
Le lit sec du torrent et l'aride campagne ;
Et, rassemblant de l'œil tous les êtres chéris
Dont l'ombre près de moi dormait sous ces débris,
Avec des sœurs, un père et l'âme d'une mère,
Ne laissant plus de cendre en dépôt à la terre,
Comme le passager qui des vagues descend
Jette encore au navire un œil reconnaissant,
Nos voix diront ensemble à ces lieux pleins de charmes
L'adieu, le seul adieu qui n'aura point de larmes !

XIX

INVOCATION

Toi qui donnas sa voix à l'oiseau de l'aurore,
Pour chanter dans le ciel l'hymne naissant du jour;
Toi qui donnas son âme et son gosier sonore
A l'oiseau que le soir entend gémir d'amour;

Toi qui dis aux forêts : Répondez au zéphire !
Aux ruisseaux : Murmurez d'harmonieux accords !
Aux torrents : Mugissez ! à la brise : Soupire !
A l'Océan : Gémis en mourant sur tes bords !

Et moi, Seigneur, aussi, pour chanter tes merveilles,
Tu m'as donné dans l'âme une seconde voix
Plus pure que la voix qui parle à nos oreilles,
Plus forte que les vents, les ondes et les bois !

Les cieux l'appellent Grâce, et les hommes Génie ;
C'est un souffle affaibli des bardes d'Israël,
Un écho dans mon sein, qui change en harmonie
Le retentissement de ce monde mortel.

Mais c'est surtout ton nom, ô roi de la nature,
Qui fait vibrer en moi cet instrument divin !
Quand j'invoque ce nom, mon cœur plein de murmure
Résonne comme un temple où l'on chante sans fin,

Comme un temple rempli de voix et de prières,
Où d'échos en échos le son roule aux autels !
Eh quoi ! Seigneur, ce bronze, et ce marbre, et ces pierres,
Retentiraient-ils mieux que le cœur des mortels ?

Non, mon Dieu, non, mon Dieu, grâce à mon saint partage,
Je n'ai point entendu monter jamais vers toi
D'accords plus pénétrants, de plus divin langage
Que ces concerts muets qui s'élèvent en moi !

Mais la parole manque à ce brûlant délire ;
Pour contenir ce feu tous les mots sont glacés.
Eh ! qu'importe, Seigneur, la parole à ma lyre !
Je l'entends, il suffit ; tu réponds, c'est assez !

  Don sacré du Dieu qui m'enflamme,
  Harpe qui fais trembler mes doigts,
  Sois toujours le cri de mon âme,
  A Dieu seul rapporte ma voix.
  Je frémis d'amour et de crainte
  Quand, pour toucher ta corde sainte,
  Son esprit daigna me choisir ;
  Moi, devant lui moins que poussière,
  Moi, dont jusqu'alors l'âme entière
  N'était que silence et désir !

  Hélas ! et j'en rougis encore,
  Ingrat au plus beau de ses dons,
  Harpe que l'ange même adore,
  Je profanai tes premiers sons :

Je fis ce que ferait l'impie,
Si ses mains, sur l'autel de vie,
Abusaient des vases divins,
Et s'il couronnait le calice,
Le calice du sacrifice,
Avec les roses des festins.

Mais j'en jure par cette honte
Dont rougit mon front confondu,
Et par cet hymne qui remonte
Au ciel dont il est descendu ;
J'en jure par ce nom sublime
Qui ferme et qui rouvre l'abîme,
Par l'œil qui lit au fond des cœurs,
Par ce feu sacré qui m'embrase,
Et par ces transports de l'extase
Qui trempent tes cordes de pleurs :

De tes accents mortels j'ai perdu la mémoire.
Nous ne chanterons plus qu'une éternelle gloire
Au seul digne, au seul saint, au seul grand, au seul bon,
Mes jours ne seront plus qu'un éternel délire,
Mon âme qu'un cantique et mon cœur qu'une lyre,
Et chaque souffle enfin que j'exhale ou j'aspire,
  Un accord à ton nom !

Élevez-vous, voix de mon âme,
Avec l'aurore, avec la nuit !
Élancez-vous comme la flamme,
Répandez-vous comme le bruit !
Flottez sur l'aile des nuages,
Mêlez-vous aux vents, aux orages,

Au tonnerre, au fracas des flots.
L'homme en vain ferme sa paupière :
L'hymne éternel de la prière
Trouvera partout des échos !

Ne craignez pas que le murmure
De tous ces astres à la fois,
Ces mille voix de la nature,
Étouffent votre faible voix !
Tandis que les sphères mugissent,
Et que les sept cieux retentissent
De bruits roulant en son honneur,
L'humble écho que l'âme réveille
Porte en mourant à son oreille
La moindre voix qui dit : Seigneur !

Élevez-vous dans le silence
A l'heure où dans l'ombre du soir
La lampe des nuits se balance,
Quand le prêtre éteint l'encensoir !
Élevez-vous aux bords des ondes,
Dans ces solitudes profondes
Où Dieu se révèle à la foi !
Chantez dans mes heures funèbres :
Amour, il n'est point de ténèbres,
Point de solitude avec toi !

Je ne suis plus qu'une pensée,
L'univers est mort dans mon cœur,
Et sous cette cendre glacée
Je n'ai trouvé que le Seigneur.

Qu'il éclaire ou trouble ma voie,
Mon cœur, dans les pleurs ou la joie,
Porte celui dont il est plein :
Ainsi le flot roule une image,
Et des nuits le dernier nuage
Porte l'aurore dans son sein.

Qu'il est doux de voir sa pensée,
Avant de chercher ses accents,
En mètres divins cadencée,
Monter soudain comme l'encens ;
De voir ses timides louanges,
Comme sur la harpe des anges,
Éclore en sons dignes des cieux,
Et jusqu'aux portes éternelles
S'élever sur leurs propres ailes
Avec un vol harmonieux !

Un jour cependant, ô ma lyre,
Un jour assoupira ta voix !
Tu regretteras ce délire
Dont tu t'enivrais sous mes doigts :
Les ans terniront cette glace
Où la nature te retrace
Les merveilles du Saint des saints ;
Le temps, qui flétrit ce qu'il touche,
Ravira les sons sur ma bouche
Et les images sous mes mains.

Tu ne répandras plus mon âme
En flots d'harmonie et d'amour,

Mais le sentiment qui m'enflamme
Survivra jusqu'au dernier jour,
Semblable à ces sommets arides
Dont l'âge a dépouillé les rides
De leur onde et de leurs échos,
Mais qui dans leurs flancs sans verdure
Gardent une onde qui murmure
Et dont le ciel nourrit les flots.

Ah ! quand ma fragile mémoire,
Comme une urne dont l'onde a fui,
Aura perdu ces chants de gloire
Que ton Dieu t'inspire aujourd'hui,
De ta défaillante harmonie
Ne rougis pas, ô mon génie !
Quand ta corde n'aurait qu'un son,
Harpe fidèle, chante encore
Le Dieu que ma jeunesse adore,
Car c'est un hymne que son nom !

Cette Harmonie fut écrite à Florence, dans l'église de Santa-Croce où j'allais souvent me recueillir entre les tombeaux des grands poëtes toscans.

(Note de l'auteur.)

XX

RÉPONSE AUX ADIEUX DE SIR WALTER SCOTT A SES LECTEURS [1]

ÉPÎTRE FAMILIÈRE

Au premier mille, hélas ! de mon pèlerinage,
Temps où le cœur tout neuf voit tout à son image,
Où l'âme de seize ans, vierge de passions,
Demande à l'univers ses mille émotions ;
Le soir d'un jour de fête au golfe de Venise,
Seul, errant sans objet dans ma barque indécise,
Je suivais, mais de loin, sur la mer, un bateau
Dont les concerts flottants se répandaient sur l'eau :

---

1. Ces *Adieux* se trouvaient à la fin du dernier volume des *Contes de mon hôte*.

ADIEUX DE SIR WALTER SCOTT

A SES LECTEURS

« Abbotsford, septembre 1831.

» Le lecteur sait que, selon toute apparence, ces contes sont les derniers que l'auteur soumettra au jugement du public. Il est maintenant à la veille de visiter des pays étrangers. Le roi son maître a bien voulu désigner un vaisseau de guerre pour transporter l'auteur de *Waverley* dans des climats où il puisse retrouver assez de santé pour revenir ensuite achever doucement le fil de sa vie dans son pays natal. S'il avait continué ses travaux ordinaires, il est plus que probable qu'à l'âge où il est parvenu, le vase, pour employer le langage expressif de l'Écriture, se serait brisé à la fontaine ; et celui qui a eu le bonheur d'obtenir une part peu commune du plus précieux des biens de ce monde est peu en droit de se plaindre que la vie, en approchant de son terme, ne soit pas exempte des troubles et des orages auxquels nul d'entre nous ne saurait échapper. Ils ne l'ont pas

oguant de cap en cap, nageant de crique en crique,
La barque, balançant sa brise de musique,
levait, abaissait, modulait ses accords
ue l'onde palpitante emportait à ses bords,
t, selon que la plage était sourde ou sonore,
lourait comme un soupir des mers qui s'évapore,
u, dans les antres creux réveillant mille échos,
lançait jusqu'au ciel la fanfare des flots ;
t moi, penché sur l'onde, et l'oreille tendue,
etenant sur les flots la rame suspendue,
e frémissais de perdre un seul de ces accents,
t le vent d'harmonie enivrait tous mes sens.

'était un couple heureux d'amants unis la veille,
romenant leur bonheur à l'heure où tout sommeille,
t, pour mieux enchanter leurs fortunés moments,
espirant l'air du golfe au son des instruments.
a fiancée, en jouant avec l'écume blanche
Qui de l'étroit esquif venait laver la hanche,
e son doigt dans la mer laissa tomber l'anneau
t, pour le ressaisir, son corps penché sur l'eau

du moins affecté d'une manière plus pénible qu'il n'est inséparable de l'acquittement de cette partie de la dette de l'humanité. De ceux dont les rapports avec lui dans les rangs de la vie auraient pu lui assurer leur sympathie dans ses souffrances, beaucoup n'existent plus à présent ; et ceux qui ont survécu avec lui sont en droit d'attendre, dans la manière dont il supportera des maux inévitables, un exemple de fermeté et de patience, surtout de la part d'un homme qui est loin d'avoir eu à se plaindre de son sort dans le cours de son pèlerinage.

L'auteur de *Waverley* n'a pas d'expressions pour peindre la reconnaissance qu'il doit au public ; mais peut-être lui sera-t-il permis d'espérer que, tel qu'il est, son esprit n'a pas vieilli plus vite que son corps, et qu'il pourra se présenter de nouveau à la bienveillance de ses amis, sinon dans son ancien genre de composition, du moins dans quelque branche de la littérature, sans donner lieu à la remarque, que

Trop longtemps le vieillard est resté sur la scène. »

Fit incliner le bord sous la vague qu'il rase.
La vague, comme une eau qui surmonte le vase,
Les couvrit : un seul cri retentit jusqu'au bord.
Tout était joie et chant ; tout fut silence et mort.

Eh bien ! ce que mon cœur éprouva dans cette heure
Où le chant s'engloutit dans l'humide demeure,
Je l'éprouve aujourd'hui, chantre mélodieux,
Aujourd'hui que j'entends les suprêmes adieux
De cette chère voix pendant quinze ans suivie.
Voluptueux oubli des peines de la vie,
Musique de l'esprit, brise des temps passés,
Dont nos soucis dormants étaient si bien bercés ;
Heures de solitude et de mélancolie,
Heures des nuits sans fin que le sommeil oublie,
Heures de triste attente, hélas ! qu'il faut tromper,
Heures à la main vide et qu'il faut occuper,
Fantômes de l'esprit que l'ennui fait éclore,
Vides de la pensée où le cœur se dévore,
Le conteur a fini : vous n'aurez plus sa voix,
Et le temps va sur nous peser de tout son poids.

Ainsi tout a son terme, et tout cesse, et tout s'use.
A ce terrible aveu notre esprit se refuse :
Nous croyons en tournant les feuillets de nos jours
Que les pages sans fin en tourneront toujours ;
Nous croyons que cet arbre au dôme frais et sombre,
Dont nos jeunes amours cherchent la mousse et l'ombre,
Sous ses rideaux tendus doit éternellement
Balancer le zéphyr sur le front de l'amant ;
Nous croyons que ce flot qui court, murmure et brille,
Et du bateau bercé caresse en paix la quille,

Doit à jamais briller, murmurer et flotter,
Et sur sa molle écume à jamais nous porter ;
Nous croyons que le livre où notre âme se plonge,
Et comme en un sommeil nage de songe en songe,
Doit dérouler sans fin cette prose ou ces vers,
Horizons enchantés d'un magique univers :
Mensonges de l'esprit, illusion et ruse
Dont pour nous retenir ici-bas la vie use !
Hélas ! tout finit vite : encore un peu de temps,
L'arbre s'effeuille et sèche et jaunit le printemps ;
La vague arrive en poudre à son dernier rivage,
L'âme à l'ennui, le livre à sa dernière page.

Mais pourquoi donc le tien se ferme-t-il avant
Que la mort ait fermé ton poëme vivant,
Homère de l'histoire à l'immense Odyssée,
Qui, répandant si loin ta féconde pensée,
Soulèves les vieux jours, leur rends l'âme et le corps,
Comme l'ombre d'un dieu qui ranime les morts ?
Ta fibre est plus savante et n'est pas moins sonore ;
Tes jours n'ont pas atteint l'heure qui décolore,
Ton front n'a pas encore perdu ses cheveux gris,
Couronne dont la muse orne ses favoris,
Où, comme dans les pins de ta Calédonie,
La brise des vieux jours est pleine d'harmonie.
Mais, hélas ! le poëte est homme par les sens,
Homme par la douleur ! Tu le dis, tu le sens ;
L'argile périssable où tant d'âme palpite
Se façonne plus belle et se brise plus vite ;
Le nectar est divin, mais le vase est mortel :
C'est un Dieu dont le poids doit écraser l'autel ;

C'est un souffle trop plein du soir ou de l'aurore
Qui fait chanter le vent dans un roseau sonore,
Mais qui, brisé du son, le jette au bord de l'eau
Comme un chaume séché battu sous le fléau.
Ô néant ! ô nature ! ô faiblesse suprême !
Humiliation pour notre grandeur même !
Main pesante dont Dieu nous courbe incessamment,
Pour nous prouver sa force et notre abaissement,
Pour nous dire et redire à jamais qui nous sommes,
Et pour nous écraser sous ce honteux nom d'hommes !

Je ne m'étonne pas que le bronze et l'airain
Cèdent leur vie au temps et fondent sous sa main,
Que les murs de granit, les colosses de pierre
De Thèbe et de Memphis fassent de la poussière,
Que Babylone rampe au niveau des déserts,
Que le roc de Calpé descende au choc des mers,
Et que les vents, pareils aux dents des boucs avides,
Écorcent jour à jour le tronc des Pyramides :
Des hommes et des jours ouvrages imparfaits,
Le temps peut les ronger, c'est lui qui les a faits ;
Leur dégradation n'est pas une ruine,
Et Dieu les aime autant en sable qu'en colline.
Mais qu'un esprit divin, souffle immatériel
Qui jaillit de Dieu seul comme l'éclair du ciel ;
Que le temps n'a point fait, que nul climat n'altère ;
Qui ne doit rien au feu, rien à l'onde, à la terre ;
Qui, plus il a compté de soleils et de jours,
Plus il se sent d'élan pour s'élancer toujours,
Plus il sent, au torrent de force qui l'enivre,
Qu'avoir vécu pour l'homme est sa raison de vivre ;

Qui colore le monde en le réfléchissant,
Dont la pensée est l'être, et qui crée en pensant ;
Qui, donnant à son œuvre un rayon de sa flamme,
Fait tout sortir de rien et vivre de son âme;
Enfante avec un mot, comme fit Jéhova ;
Se voit dans ce qu'il fait, s'applaudit, et dit : « Va ! »
N'a ni soir ni matin, mais chaque jour s'éveille
Aussi jeune, aussi neuf, aussi dieu que la veille ;
Que cet esprit captif dans les liens du corps
Sente en lui tout à coup défaillir ses ressorts,
Et, comme le mourant qui s'éteint, mais qui pense,
Mesure à son cadran sa propre décadence ;
Qu'il sente l'univers se dérober sous lui,
Levier divin qui sent manquer le point d'appui,
Aigle pris du vertige en son vol sur l'abîme,
Qui sent l'air s'affaisser sous son aile et s'abîme :
Ah ! voilà le néant que je ne comprends pas !
Voilà la mort, plus mort que la mort d'ici-bas !
Voilà la véritable et complète ruine !
Auguste et saint débris devant qui je m'incline,
Voilà ce qui fait honte ou ce qui fait frémir,
Gémissement que Job oublia de gémir !

Ton esprit a porté le poids de ce problème :
Sain dans un corps infirme, il se juge lui-même ;
Tes organes vaincus parlent pour t'avertir ;
Tu sens leur décadence, heureux de la sentir,
Heureux que la raison, te prêtant sa lumière,
T'arrête avant la chute au bord de la carrière !
Eh bien ! ne rougis pas au moment de t'asseoir ;
Laisse un long crépuscule à l'éclat de ton soir !

Notre tâche commence et la tienne est finie :
C'est à nous maintenant d'embaumer ton génie.
Ah ! si comme le tien mon génie était roi,
Si je pouvais d'un mot évoquer devant toi
Les fantômes divins dont ta plume féconde,
Des héros, des amants, a peuplé l'autre monde ;
Les sites enchantés que ta main a décrits,
Paysages vivants dans la pensée écrits ;
Les nobles sentiments s'élevant de tes pages
Comme autant de parfums des odorantes plages,
Et les hautes vertus que ton art fit germer,
Et les saints dévoûments que ta voix fait aimer :
Dans un cadre où ta vie entrerait tout entière,
Je les ferais jaillir tous devant ta paupière,
Je les concentrerais dans un brillant miroir,
Et dans un seul regard ton œil pourrait te voir.
Semblables à ces feux, dans la nuit éternelle,
Qui viennent saluer la main qui les appelle,
Je les ferais passer rayonnants devant toi ;
Vaste création qui saluerait son roi !
Je les réunirais en couronne choisie,
Dont chaque fleur serait amour et poésie,
Et je te forcerais, toi qui veux la quitter,
A respirer ta gloire avant de la jeter.

Cette gloire sans tache et ces jours sans nuage
N'ont point pour ta mémoire à déchirer de page ;
La main du tendre enfant peut t'ouvrir au hasard,
Sans qu'un mot corrupteur étonne son regard,
Sans que de tes tableaux la suave décence
Fasse rougir un front couronné d'innocence.

Sur la table du soir, dans la veillée admis,
La famille te compte au nombre des amis,
Se fie à ton honneur, et laisse sans scrupule
Passer de main en main le livre qui circule ;
La vierge, en te lisant, qui ralentit son pas,
Si sa mère survient, ne te dérobe pas,
Mais relit au grand jour le passage qu'elle aime,
Comme en face du ciel tu l'écrivis toi-même,
Et s'endort aussi pure après t'avoir fermé,
Mais de grâce et d'amour le cœur plus parfumé.
Un dieu descend toujours pour dénouer ton drame ;
Toujours la Providence y veille et nous proclame
Cette justice occulte et ce divin ressort
Qui fait jouer le temps et gouverne le sort ;
Dans les cent mille aspects de ta gloire infinie,
C'est toujours la raison qui guide ton génie.
Ce n'est pas du désert le cheval indompté
Traînant de Mazeppa le corps ensanglanté,
Et, comme le torrent tombant de cime en cime,
Précipitant son maître au trône ou dans l'abîme :
C'est le coursier de Job, fier, mais obéissant,
Faisant sonner du pied le sol retentissant,
Se fiant à ses flancs comme l'aigle à son aile,
Prêtant sa bouche au frein et son dos à la selle,
Puis, quand en quatre bonds le désert est franchi,
Jouant avec le mors que l'écume a blanchi,
Touchant sans le passer le but qu'on lui désigne,
Et sous la main qu'on tend courbant son cou de cygne.

Voilà l'homme, voilà le pontife immortel !
Pontife que Dieu fit pour parfumer l'autel,

Pour dérober au sphinx le mot de la nature,
Pour jeter son flambeau dans notre nuit obscure,
Et nous faire épeler, dans ses divins accents,
Ce grand livre du sort, dont lui seul a le sens.

Aussi dans ton repos, que ton heureux navire
Soit poussé par l'Eurus ou flatté du Zéphire,
Et, partout où la mer étend son vaste sein,
Flotte d'un ciel à l'autre aux deux bords du bassin ;
Ou que ton char, longeant la crête des montagnes,
Porte en bas ton regard sur nos tièdes campagnes :
Partout où ton œil voit, du pont de ton vaisseau,
Le phare ou le clocher sortir du bleu de l'eau,
Ou le môle blanchi par les flots d'une plage
Étendre en mer un bras de ville ou de village ;
Partout où ton regard voit au flanc des coteaux
Pyramider en noir les tours des vieux châteaux,
Ou flotter les vapeurs, haleines de nos villes,
Ou des plus humbles toits le soir rougir les tuiles,
Tu peux dire, en ouvrant ton cœur à l'amitié :
« Ici l'on essuierait la poudre de mon pied ;
Ici dans quelque cœur mon âme s'est versée :
Car tout un siècle pense et vit de ma pensée ! »
Il ne t'a rien manqué pour égaler du front
Ces noms pour qui le temps n'a plus d'ombre et d'affront,
Ces noms majestueux que l'épopée élève
Comme une cime humaine au-dessus de la grève,
Que d'avoir concentré dans un seul monument
La puissance et l'effort de ton enfantement,
Et d'avoir fait tailler tes divines statues
Dans le moule des vers, de rhythmes revêtues.
L'immortelle pensée a sa forme ici-bas,

Langue immortelle aussi, que l'homme n'use pas.
Tout ce qui sort de l'homme est rapide et fragile ;
Mais le vers est de bronze et la prose d'argile :
L'une, lorsque la brise et le soleil des jours
Et les mains du vulgaire ont palpé ses contours,
Sous la pluie et les vents croule et glisse en poussière,
S'évanouit en cendre et périt tout entière ;
L'autre passe éternelle avec les nations
De générations en générations,
Résiste aux feux, à l'onde, et survit aux ruines ;
Ou si la rouille attente à ses formes divines,
L'avenir, disputant ses fragments aux tombeaux,
Adore encor de l'œil ces sonores lambeaux.
Mais tout homme a trop peu de jours pour sa pensée :
La main sèche sur l'œuvre à peine commencée,
Notre bras n'atteint pas aussi loin que notre œil.
Soyons donc indulgents même pour notre orgueil.
Les monuments complets ne sont pas œuvre d'homme :
Un siècle les commence, un autre les consomme.
Encor, ces grands témoins de notre humanité
Accusent sa faiblesse et sa brièveté ;
Nous y portons chacun le sable avec la foule.
Qu'importe, quand plus tard notre Babel s'écroule,
D'avoir porté nous-même à ces longs monuments
L'humble brique cachée au sein des fondements,
Ou la pierre sculptée où notre vain nom vive !
Notre nom est néant, quelque part qu'on l'inscrive.

Spectateur fatigué du grand spectacle humain,
Tu nous laisses pourtant dans un rude chemin.
Les nations n'ont plus ni barde ni prophète
Pour enchanter leur route et marcher à leur tête ;

Un tremblement de trône a secoué les rois,
Les chefs comptent par jour et les règnes par mois ;
Le souffle impétueux de l'humaine pensée,
Équinoxe brûlant dont l'âme est renversée,
Ne permet à personne, et pas même en espoir,
De se tenir debout au sommet du pouvoir ;
Mais, poussant tour à tour les plus forts sur la cime,
Les frappe de vertige et les jette à l'abîme.
En vain le monde invoque un sauveur, un appui ;
Le temps, plus fort que nous, nous entraîne sous lui :
Lorsque la mer est basse, un enfant la gourmande ;
Mais tout homme est petit quand une époque est grande.
Regarde : citoyens, rois, soldat ou tribun,
Dieu met la main sur tous et n'en choisit pas un ;
Et le pouvoir, rapide et brûlant météore,
En tombant sur nos fronts nous juge et nous dévore.
C'en est fait : la parole a soufflé sur les mers,
Le chaos bout et couve un second univers,
Et pour le genre humain que le sceptre abandonne
Le salut est dans tous et n'est plus dans personne.
A l'immense roulis d'un Océan nouveau,
Aux oscillations du ciel et du vaisseau,
Aux gigantesques flots qui croulent sur nos têtes,
On sent que l'homme aussi double un cap des Tempêtes,
Et passe, sous la foudre et sous l'obscurité,
Le tropique orageux d'une autre humanité.

Aussi jamais les flots où l'éclair se rallume
N'ont jeté vers le ciel plus de bruit et d'écume,
Dans leurs gouffres béants englouti plus de mâts,
Porté l'homme plus haut pour le lancer plus bas,
Noyé plus de fortune, et sur plus de rivages

Poussé plus de débris et d'illustres naufrages :
Tous les royaumes veufs d'hommes-rois sont peuplés ;
Ils échangent entre eux leurs maîtres exilés.
J'ai vu l'ombre des Stuarts, veuve du triple empire,
Mendier le soleil et l'air qu'elle respire ;
L'héritier de l'Europe et de Napoléon
Déshérité du monde et déchu de son nom,
De peur qu'un si grand nom, qui seul tient une histoire,
N'eût un trop frêle écho d'un si grand son de gloire.

Et toi-même, en montant au sommet de tes tours,
Tu peux voir le plus grand des débris de nos jours,
De leur soleil natal deux plantes orphelines
Du palais d'Édimbourg couronner les ruines !...
Ah ! lorsque, s'échappant des fentes d'un tombeau,
Cette tige germait sous un rayon plus beau ;
Quand la France, envoyant ses salves à l'Europe,
Annonçait son miracle aux flots de Parthénope ;
Quand moi-même, d'un vers pressé de le bénir,
Sur un fils du destin j'invoquais l'avenir,
Je ne me doutais pas qu'avec tant d'espérance
Le vent de la fortune, hélas ! jouait d'avance,
Emportant tant de joie et tant de vœux dans l'air
Avec le bruit du bronze et son rapide éclair,
Et qu'avant que l'enfant pût manier ses armes,
Les bardes sur son sort n'auraient plus que des larmes !
Des larmes ? Non, leur lyre a de plus nobles voix :
Ah ! s'il échappe au trône, écueil de tant de rois ;
Si, comme un nourrisson qu'on jette à la lionne,
A la rude infortune à nourrir Dieu le donne,
Ce sort ne vaut-il pas les berceaux triomphants ?
Toujours l'ombre d'un trône est fatale aux enfants,

Toujours des Tigellins l'haleine empoisonnée
Tue avant le printemps les germes de l'année.
Qu'il grandisse au soleil, à l'air libre, aux autans,
Qu'il lutte sans cuirasse avec l'esprit du temps ;
De quelque nom qu'amour, haine ou pitié le nomme,
Néant ou majesté, roi proscrit, qu'il soit homme :
D'un trône dévorant qu'il ne soit pas jaloux :
La puissance est au sort, nos vertus sont à nous.
Qu'il console à lui seul son errante famille :
Plus obscure est la nuit, et plus l'étoile y brille !
Et si, comme un timide et faible passager
Que l'on jette à la mer à l'heure du danger,
La liberté, prenant un enfant pour victime,
Le jette au gouffre ouvert pour refermer l'abîme,
Qu'il y tombe sans peur, qu'il y dorme innocent
De ce qu'un trône coûte à recrépir de sang ;
Qu'il s'égale à son sort, au plus haut comme au pire ;
Qu'il ne se pèse pas, enfant, contre un empire ;
Qu'à l'humanité seule il résigne ses droits !
Jamais le sang du peuple a-t-il sacré les rois ?

Mais adieu ! D'un cœur plein l'eau déborde, et j'oublie
Que ta voile frissonne aux brises d'Italie,
Et t'enlève à la scène où s'agite le sort,
Comme l'aile du cygne à la vase du bord.
Vénérable vieillard, poursuis ton doux voyage ;
Que le vent du Midi dérobe à chaque plage
L'air vital de ces mers que tu vas respirer ;
Que l'oranger s'effeuille afin de t'enivrer ;
Que dans chaque horizon ta paupière ravie
Boive avec la lumière une goutte de vie !
Si jamais sur ces mers, dont le doux souvenir

M'émeut comme un coursier qu'un autre entend hennir,
Mon navire inconnu, glissant sous peu de voile,
Venait à rencontrer sous quelque heureuse étoile
Le dôme au triple pont qui berce ton repos,
Je jetterais de joie une autre bague aux flots ;
Mes yeux contempleraient ton large front d'Homère,
Palais des songes d'or, gouffre de la Chimère,
Où tout l'Océan entre et bouillonne en entrant,
Et d'où les flots sans fin sortent en murmurant,
Chaos où retentit ta parole profonde,
Et d'où tu fais jaillir les images du monde ;
J'inclinerais mon front sous ta puissante main,
Qui de joie et de pleurs pétrit le genre humain ;
J'emporterais dans l'œil la rayonnante image
D'un de ces hommes-siècle et qui nomment un âge ;
Mes lèvres garderaient le sel de tes discours,
Et je séparerais ce jour de tous mes jours :
Comme au temps où d'en haut les célestes génies,
Prenant du voyageur les sandales bénies,
Marchaient dans nos sentiers. Les voyageurs pieux,
Dont l'apparition avait frappé les yeux,
L'œil encore ébloui du rayon de lumière,
Marquaient du pied la place, y roulaient une pierre,
Pour conserver visible à leurs postérités
L'heure où l'homme de Dieu les avait visités.

XXI

JÉHOVAH

Sinaï ! Sinaï ! quelle nuit sur ta cime !
Quels éclairs, sur tes flancs, éblouissent les yeux !
    Les noires vapeurs de l'abîme
Roulent en plis sanglants leurs vagues dans tes cieux.

        La nue enflammée
        Où ton front se perd
        Vomit la fumée
        Comme un chaume vert
        Le ciel, d'où s'échappe
        Éclair sur éclair,
        Et pareil au fer
        Que le marteau frappe,
        Lançant coups sur coups
        La nuit, la lumière,
        Se voile ou s'éclaire,
        S'ouvre ou se resserre,
        Comme la paupière
        D'un homme en courroux !

Un homme, un homme seul gravit tes flancs qui grondent.
En vain tes mille échos tonnent et se répondent :
Ses regards assurés ne se détournent pas !
Tout un peuple éperdu le regarde d'en bas.
Jusqu'aux lieux où ta cime et le ciel se confondent,
Il monte, et la tempête enveloppe ses pas.

Le nuage crève ;
Son brûlant carreau
Jaillit comme un glaive
Qui sort du fourreau.
Les foudres, portées
Sur ses plis mouvants,
Au hasard jetées
Par les quatre vents,
Entre elles heurtées,
Partent en tous sens,
Comme une volée
D'aiglons aguerris
Qu'un bruit de mêlée
A soudain surpris,
Qui, battant de l'aile,
Volent pêle-mêle
Autour de leurs nids,
Et, loin de leur mère,
La mort dans leur serre,
S'élancent de l'aire
En poussant des cris.

Le cèdre s'embrase,
Crie, éclate, écrase
Sa brûlante base
Sous ses bras fumants ;
La flamme en colonne
Monte, tourbillonne,
Retombe et bouillonne
En feux écumants ;
La lave serpente,
Et de pente en pente

Étend son foyer ;
La montagne ardente
Paraît ondoyer ;
Le firmament double
Les feux dont il luit;
Tout regard se trouble,
Tout meurt ou tout fuit ;
Et l'air qui s'enflamme,
Repliant la flamme
Autour du haut lieu,
Va de place en place
Où le vent le chasse
Semer dans l'espace
Des lambeaux de feu.

Sous ce rideau brûlant qui le voile et l'éclaire,
Moïse a seul, vivant, osé s'ensevelir.
Quel regard sondera ce terrible mystère ?
Entre l'homme et le feu que va-t-il s'accomplir ?
Dissipez, vains mortels, l'effroi qui vous atterre !
C'est Jéhovah qui sort ! Il descend au milieu
     Des tempêtes et du tonnerre !
C'est Dieu qui se choisit son peuple sur la terre,
C'est un peuple à genoux qui reconnaît son Dieu !

—

L'Indien, élevant son âme
Aux voûtes de son ciel d'azur,
Adore l'éternelle flamme
Prise à son foyer le plus pur :
Au premier rayon de l'aurore,
Il s'incline, il chante, il adore

L'astre d'où ruisselle le jour ;
Et, le soir, sa triste paupière
Sur le tombeau de la lumière
Pleure avec des larmes d'amour.

Aux plages que le Nil inonde,
Des déserts le crédule enfant,
Brûlé par le flambeau du monde,
Adore un plus doux firmament.
Amant de ses nuits solitaires,
Pour son culte ami des mystères,
Il attend l'ombre dans les cieux,
Et du sein des sables arides
Il élève des pyramides
Pour compter de plus près ses dieux.

La Grèce adore les beaux songes
Par son doux génie inventés,
Et ses mystérieux mensonges,
Ombres pleines de vérités.
Il naît sous sa féconde haleine
Autant de dieux que l'âme humaine
A de terreurs et de désirs ;
Son génie, amoureux d'idoles,
Donne l'être à tous les symboles,
Crée un Dieu pour tous les soupirs !

Sahra, sur tes vagues poudreuses,
Où vont, des quatre points des airs,
Tes caravanes plus nombreuses
Que les sables de tes déserts ?
C'est l'aveugle enfant du Prophète
Qui va sept fois frapper sa tête

Contre le seuil de son saint lieu.
Le désert en vain se soulève
Sous la tempête ou sous le glaive :
« Mourons, dit-il; Dieu seul est Dieu ! »

Sous les saules verts de l'Euphrate,
Que pleure ce peuple exilé ?
Ce n'est point la Judée ingrate,
Les puits taris de Siloé :
C'est le culte de ses ancêtres,
Son arche, son temple, ses prêtres,
Son Dieu qui l'oublie aujourd'hui !
Son nom est dans tous ses cantiques,
Et ses harpes mélancoliques
Ne se souviennent que de lui.

Elles s'en souviennent encore,
Maintenant que des nations
Ce peuple exilé de l'Aurore
Supporte les dérisions !
En vain, lassé de le proscrire,
L'étranger, d'un amer sourire,
Poursuit ses crédules enfants :
Comme l'eau buvant cette offense,
Ce peuple traîne une espérance
Plus forte que ses deux mille ans !

Le sauvage enfant des savanes,
Informe ébauche des humains,
Avant d'élever ses cabanes,
Se façonne un dieu de ses mains.
Si, chassé des rives du fleuve
Où l'ours, où le tigre s'abreuve,

Il émigre sous d'autres cieux,
Chargé de ses dieux tutélaires,
« Marchons, dit-il, os de nos pères,
La patrie est où sont les dieux ! »

Et de quoi parlez-vous, marbres, bronzes, portiques,
Colonnes de Palmyre ou de Persépolis,
Panthéons sous la cendre ou l'onde ensevelis,
Si vides maintenant, autrefois si remplis ?
Et vous, dont nous cherchons les lettres symboliques
D'un passé sans mémoire incertaines reliques,
Mystères d'un vieux monde en mystères écrits ?
Et vous, temples debout, superbes basiliques,
Dont un souffle divin anime les parvis ?

Vous nous parlez des dieux ! des dieux ! des dieux encore !
Chaque autel en porte un, qu'un saint délire adore,
Holocauste éternel que tout lieu semble offrir.
L'homme et les éléments, pleins de ce seul mystère,
N'ont eu qu'une pensée, une œuvre sur la terre :
Confesser cet être et mourir !

Mais si l'homme, occupé de cette œuvre suprême,
Épuise toute langue à nommer le seul Grand,
Ah ! combien la nature, en son silence même,
Le nomme mieux encore au cœur qui le comprend !
Voulez-vous, ô mortels, que ce Dieu se proclame ?
Foulez aux pieds la cendre où dort le Panthéon,
Et le livre où l'orgueil épelle en vain son nom !
De l'astre du matin le plus pâle rayon
Sur ce divin mystère éclaire plus votre âme
Que la lampe au jour faux qui veille avec Platon.

Montez sur ces hauteurs d'où les fleuves descendent,
Et dont les mers d'azur baignent les pieds dorés,
A l'heure où les rayons sur leurs pentes s'étendent,
Comme un filet trempé ruisselant sur les prés ;
Quand tout autour de nous sera splendeur et joie,
Quand les tièdes réseaux des heures de midi,
En vous enveloppant comme un manteau de soie,
Feront épanouir votre sang attiédi ;

Quand la terre, exhalant son âme balsamique,
De son parfum vital enivrera vos sens,
Et que l'insecte même, entonnant son cantique,
Bourdonnera d'amour sur les bourgeons naissants ;

Quand vos regards, noyés dans la vague atmosphère,
Ainsi que le dauphin dans son azur natal,
Flotteront incertains entre l'onde et la terre,
Et des cieux de saphir et des mers de cristal,

Écoutez dans vos sens, écoutez dans votre âme,
Et dans le pur rayon qui d'en haut vous a lui ;
Et dites si le nom que cet hymne proclame,
N'est pas aussi vivant, aussi divin que lui?

XXII

LE CHÊNE

Voilà ce chêne solitaire
Dont le rocher s'est couronné :
Parlez à ce tronc séculaire,
Demandez comment il est né.

Un gland tombe de l'arbre et roule sur la terre ;
L'aigle à la serre vide, en quittant les vallons,
S'en saisit en jouant et l'emporte à son aire
Pour aiguiser le bec de ses jeunes aiglons ;
Bientôt du nid désert qu'emporte la tempête
Il roule confondu dans les débris mouvants,
Et sur la roche nue un grain de sable arrête
Celui qui doit un jour rompre l'aile des vents.
  L'été vient, l'aquilon soulève
La poudre des sillons, qui pour lui n'est qu'un jeu,
Et sur le germe éteint où couve encor la séve
  En laisse retomber un peu.
  Le printemps, de sa tiède ondée,
  L'arrose comme avec la main :
  Cette poussière est fécondée,
  Et la vie y circule enfin.

La vie! A ce seul mot tout œil, toute pensée,
S'inclinent confondus et n'osent pénétrer ;
Au seuil de l'infini c'est la borne placée,
Où la sage ignorance et l'audace insensée
  Se rencontrent pour adorer !

Il vit, ce géant des collines ;
Mais, avant de paraître au jour,
Il se creuse avec ses racines
Des fondements comme une tour.
Il sait quelle lutte s'apprête,
Et qu'il doit contre la tempête
Chercher sous la terre un appui ;
Il sait que l'ouragan sonore
L'attend au jour... ou, s'il l'ignore,
Quelqu'un du moins le sait pour lui !

Ainsi quand le jeune navire
Où s'élancent les matelots,
Avant d'affronter son empire,
Veut s'apprivoiser sur les flots
Laissant filer son vaste câble,
Son ancre va chercher le sable
Jusqu'au fond des vallons mouvants,
Et sur ce fondement mobile
Il balance son mât fragile
Et dort au vain roulis des vents.

Il vit ! Le colosse superbe
Qui couvre un arpent tout entier
Dépasse à peine le brin d'herbe
Que le moucheron fait plier :
Mais sa feuille boit la rosée,
Sa racine fertilisée
Grossit comme une eau dans son cours,
Et dans son cœur qu'il fortifie
Circule un sang ivre de vie
Pour qui les siècles sont des jours.

Les sillons, où les blés jaunissent
Sous les pas changeants des saisons,
Se dépouillent et se vêtissent
Comme un troupeau de ses toisons;
Le fleuve naît, gronde et s'écoule;
La tour monte, vieillit, s'écroule ;
L'hiver effeuille le granit ;
Des générations sans nombre
Vivent et meurent sous son ombre :
Et lui? voyez, il rajeunit !

Son tronc que l'écorce protége,
Fortifié par mille nœuds,
Pour porter sa feuille ou sa neige
S'élargit sur ses pieds noueux ;
Ses bras que le temps multiplie,
Comme un lutteur qui se replie
Pour mieux s'élancer en avant,
Jetant leurs coudes en arrière,
Se recourbent dans la carrière
Pour mieux porter le poids du vent.

Et son vaste et pesant feuillage,
Répandant la nuit alentour,
S'étend, comme un large nuage,
Entre la montagne et le jour ;
Comme de nocturnes fantômes,
Les vents résonnent dans ses dômes,
Les oiseaux y viennent dormir,
Et, pour saluer la lumière,
S'élèvent comme une poussière,
Si sa feuille vient à frémir.

La nef, dont le regard implore
Sur les mers un phare certain,
Le voit, tout noyé dans l'aurore,
Pyramider dans le lointain.
Le soir fait pencher sa grande ombre
Des flancs de la colline sombre
Jusqu'au pied des derniers coteaux.
Un seul des cheveux de sa tête
Abrite contre la tempête
Et le pasteur et les troupeaux.

Et pendant qu'au vent des collines
Il berce ses toits habités,
Des empires dans ses racines,
Sous son écorce des cités ;
Là, près des ruches des abeilles,
Arachné tisse ses merveilles,
Le serpent siffle, et la fourmi
Guide à des conquêtes de sables
Ses multitudes innombrables
Qu'écrase un lézard endormi.

Et ces torrents d'âme et de vie,
Et ce mystérieux sommeil,
Et cette séve rajeunie
Qui remonte avec le soleil ;
Cette intelligence divine
Qui pressent, calcule, devine
Et s'organise pour sa fin ;
Et cette force qui renferme
Dans un gland le germe du germe
D'êtres sans nombres et sans fin ;

Et ces mondes de créatures
Qui, naissant et vivant de lui,
Y puisent être et nourritures
Dans les siècles comme aujourd'hui :
Tout cela n'est qu'un gland fragile
Qui tombe sur le roc stérile
Du bec de l'aigle ou du vautour ;
Ce n'est qu'une aride poussière
Que le vent sème en sa carrière
Et qu'échauffe un rayon du jour !

Et moi, je dis : « Seigneur, c'est toi seul, c'est ta force,
Ta sagesse et ta volonté,
Ta vie et ta fécondité,
Ta prévoyance et ta bonté !
Le ver trouve ton nom gravé sous son écorce,
Et mon œil, dans sa masse et son éternité ! »

Il y a aux bains de Casciano, en Toscane, entre Pise et Florence, un chêne qui était déjà fameux, par sa masse et par sa vétusté, dans les guerres de 1300 entre les Pisans et les Toscans. Il n'a pas pris un jour ni un cheveu blanc depuis ces cinq siècles. Sa tige s'élève aussi droite, sur des racines aussi saines, à quatre-vingts pieds du sol ; et ses bras immenses, qui poussent d'autres bras innombrables comme un polype terrestre, n'ont pas une branche sèche à leurs extrémités. Il a mille ou douze cents ans, et il est tout jeune.

C'est assis sous ce chêne de Casciano que j'écrivis cette Harmonie, en 1826. J'ai vu depuis le platane de Godefroi de Bouillon, dans la prairie de Constantinople : les croisés campèrent à son pied, et un régiment de cavalerie tout entier peut encore aujourd'hui s'y ranger à l'ombre en bataille. J'ai

vu depuis les oliviers de la colline de Golgotha, vis-à-vis de
Jérusalem, qui passent pour avoir été témoins, déjà vivants,
de l'agonie et de la sueur de sang du Christ. Il n'y a pas plus
de mesure à la force et à la durée de la végétation qu'il n'y
en a à la puissance de Dieu. Il joue avec le temps et avec
l'espace. L'homme seul est obligé de compter par jours. Ces
arbres comptent par siècles, les rochers par la durée d'un
globe, les étoiles par la durée du firmament. Qu'est-ce donc
de Celui qui ne compte par rien, et pour qui toutes ces durées
relatives sont un jour qui n'a pas encore commencé ?

(Note de l'auteur.)

XXIII

L'IDÉE DE DIEU

Heureux l'œil éclairé de ce jour sans nuage,
Qui partout ici-bas le contemple et le lit !
Heureux le cœur épris de cette grande image,
Toujours vide et trompé si Dieu ne le remplit !

Ah ! pour celui-là seul la nature est sans ombre ;
En vain le temps se voile et recule les cieux,
Le ciel n'a point d'abîme et le temps point de nombre
    Qui le cache à ses yeux.

Pour qui ne l'y voit pas tout est nuit et mystères :
Cet alphabet de feu dans le ciel répandu
Est semblable pour eux à ces vains caractères
Dont le sens, s'ils en ont, dans les temps s'est perdu.

Le savant sous ses mains les retourne et les brise,
Et dit : « Ce n'est qu'un jeu d'un art capricieux ; »
Et cent fois, en tombant, ces lettres qu'il méprise
D'elles-même ont écrit le nom mystérieux !

Mais cette langue, en vain par les temps égarée,
    Se lit hier comme aujourd'hui ;
Car elle n'a qu'un nom sous sa lettre sacrée :
    Lui seul ! lui partout ! toujours lui !

    Qu'il est doux pour l'âme qui pense
    Et flotte dans l'immensité
    Entre le doute et l'espérance,
    La lumière et l'obscurité,
    De voir cette idée éternelle
    Luire sans cesse au-dessus d'elle
    Comme une étoile aux feux constants,
    La consoler sous ses nuages,
    Et lui montrer les deux rivages
    Blanchis de l'écume du temps !

    En vain les vagues des années
    Roulent dans leur flux et reflux
    Les croyances abandonnées
    Et les empires révolus ;
    En vain l'opinion qui lutte
    Dans son triomphe ou dans sa chute
    Entraîne un monde à son déclin :
    Elle brille sur sa ruine,
    Et l'histoire qu'elle illumine
    Ravit son mystère au destin.

Elle est la science du sage,
Elle est la foi de la vertu,
Le soutien du faible, et le gage
Pour qui le juste a combattu ;
En elle la vie a son juge,
Et l'infortune son refuge,
Et la douleur se réjouit.
Unique clef du grand mystère,
Otez cette idée à la terre,
Et la raison s'évanouit !

Cependant le monde qu'oublie
L'âme absorbée en son auteur
Accuse sa foi de folie
Et lui reproche son bonheur :
Pareil à l'oiseau des ténèbres
Qui, charmé des lueurs funèbres,
Reproche à l'oiseau du matin
De croire au jour qui vient d'éclore
Et de planer devant l'aurore
Enivré du rayon divin.

Mais qu'importe à l'âme qu'inonde
Ce jour que rien ne peut voiler !
Elle laisse rouler le monde
Sans l'entendre et sans s'y mêler :
Telle une perle de rosée,
Que fait jaillir l'onde brisée
Sur des rochers retentissants,
Y sèche pure et virginale,
Et seule dans les cieux s'exhale
Avec la lumière et l'encens.

XXIV

LES ADIEUX A LA PATRIE [1]

Si j'abandonne aux plis de la voile rapide
Ce que m'a fait le ciel de paix et de bonheur ;
Si je confie aux flots de l'élément perfide
Une femme, un enfant, ces deux parts de mon cœur;
Si je jette à la mer, aux sables, aux nuages,
Tant de doux avenirs, tant de cœurs palpitants,
D'un retour incertain sans avoir d'autres gages
    Qu'un mât plié par les autans ;

Ce n'est pas que de l'or l'ardente soif s'allume
Dans un cœur qui s'est fait un plus noble trésor ;
Ni que de son flambeau la gloire me consume
De la soif d'un vain nom plus fugitif encor ;
Ce n'est pas qu'en nos jours la fortune du Dante
Me fasse de l'exil amer manger le sel,
Ni que des factions la colère inconstante
    Me brise le seuil paternel :

Non, je laisse en pleurant, aux flancs d'une vallée,
Des arbres chargés d'ombre, un champ, une maison
De tièdes souvenirs encor toute peuplée,
Que maint regard ami salue à l'horizon.

---

[1]. M. de Lamartine était près de s'embarquer pour son voyage en Orient.

J'ai sous l'abri des bois de paisibles asiles
Où ne retentit pas le bruit des factions,
Où je n'entends, au lieu des tempêtes civiles,
    Que joie et bénédictions.

Un vieux père, entouré de nos douces images,
Y tressaille au bruit sourd du vent dans les créneaux,
Et prie, en se levant, le Maître des orages
De mesurer la brise à l'aile des vaisseaux;
De pieux laboureurs, des serviteurs sans maître,
Cherchent du pied nos pas absents sur le gazon,
Et mes chiens au soleil, couchés sous ma fenêtre,
    Hurlent de tendresse à mon nom.

J'ai des sœurs qu'allaita le même sein de femme,
Rameaux qu'au même tronc le vent devait bercer;
J'ai des amis dont l'âme est du sang de mon âme,
Qui lisent dans mon œil et m'entendent penser;
J'ai des cœurs inconnus, où la muse m'écoute,
Mystérieux amis à qui parlent mes vers,
Invisibles échos répandus sur ma route
    Pour me renvoyer des concerts.

Mais l'âme a des instincts qu'ignore la nature,
Semblables à l'instinct de ces hardis oiseaux,
Qui leur fait, pour chercher une autre nourriture,
Traverser d'un seul vol l'abîme aux grandes eaux.
Que vont-ils demander aux climats de l'aurore?
N'ont-ils pas sous nos toits de la mousse et des nids?
Et, des gerbes du champ que notre soleil dore,
    L'épi tombé pour leurs petits?

Moi, j'ai comme eux le pain que chaque jour demande,
J'ai comme eux la colline et le fleuve écumeux ;
De mes humbles désirs la soif n'est pas plus grande :
Et cependant je pars et je reviens comme eux.
Mais, comme eux, vers l'aurore une force m'attire ;
Mais je n'ai pas touché de l'œil et de la main
Cette terre de Cham, notre premier empire,
  Dont Dieu pétrit le cœur humain.

Je n'ai pas navigué sur l'océan de sable,
Au branle assoupissant du vaisseau du désert ;
Je n'ai pas étanché ma soif intarissable,
Le soir, au puits d'Hébron de trois palmiers couvert ;
Je n'ai pas étendu mon manteau sous les tentes,
Dormi dans la poussière où Dieu retournait Job,
Ni la nuit, au doux bruit d'étoiles palpitantes,
  Rêvé les rêves de Jacob.

Des sept pages du monde une me reste à lire :
Je ne sais pas comment l'étoile y tremble aux cieux,
Sous quel poids de néant la poitrine respire,
Comment le cœur palpite en approchant des dieux !
Je ne sais pas comment, au pied d'une colonne
Où l'ombre des vieux jours sur le barde descend,
L'herbe parle à l'oreille, ou la terre bourdonne,
  Ou la brise pleure en passant.

Je n'ai pas entendu dans les cèdres antiques
Les cris des nations monter et retentir,
Ni vu du haut Liban les aigles prophétiques
S'abattre, au doigt de Dieu, sur les palais de Tyr ;

Je n'ai pas reposé ma tête sur la terre
Où Palmyre n'a plus que l'écho de son nom,
Ni fait sonner au loin, sous mon pied solitaire,
    L'empire vide de Memnon.

Je n'ai pas entendu, du fond de ses abîmes,
Le Jourdain lamentable élever ses sanglots,
Pleurant avec des pleurs et des cris plus sublimes
Que ceux dont Jérémie épouvanta ses flots ;
Je n'ai pas écouté chanter en moi mon âme
Dans la grotte sonore où le barde des rois
Sentait au sein des nuits l'hymne à la main de flamme
    Arracher la harpe à ses doigts.

Et je n'ai pas marché sur des traces divines,
Dans ce champ où le Christ pleura sous l'olivier ;
Et je n'ai pas cherché ses pleurs sur les racines
D'où les anges jaloux n'ont pu les essuyer ;
Et je n'ai pas veillé pendant des nuits sublimes
Au jardin où, suant sa sanglante sueur,
L'écho de nos douleurs et l'écho de nos crimes
    Retentirent dans un seul cœur ;

Et je n'ai pas couché mon front dans la poussière
Où le pied du Sauveur en partant s'imprima ;
Et je n'ai pas usé sous mes lèvres la pierre
Où, de pleurs embaumé, sa mère l'enferma ;
Et je n'ai pas frappé ma poitrine profonde
Aux lieux où, par sa mort, conquérant l'avenir,
Il ouvrit ses deux bras pour embrasser le monde,
    Et se pencha pour le bénir !

Voilà pourquoi je pars, voilà pourquoi je joue
Quelque reste de jours inutile ici-bas.
Qu'importe sur quel bord le vent d'hiver secoue
L'arbre stérile et sec, et qui n'ombrage pas !
— L'insensé ! dit la foule. — Elle-même insensée !
Nous ne trouvons pas tous notre pain en tout lieu :
Du barde voyageur le pain c'est la pensée,
  Son cœur vit des œuvres de Dieu !

Adieu donc, mon vieux père, adieu, mes sœurs chéries;
Adieu, ma maison blanche à l'ombre du noyer;
Adieu, mes beaux coursiers oisifs dans mes prairies;
Adieu, mon chien fidèle, hélas ! seul au foyer !
Votre image me trouble, et me suit comme l'ombre
De mon bonheur passé qui veut me retenir.
Ah ! puisse se lever moins douteuse et moins sombre
  L'heure qui doit nous réunir !

XXV

SALUT A L'ILE D'ISCHIA

Il est doux d'aspirer, en abordant la grève,
Le parfum que la brise apporte à l'étranger,
Et de sentir les fleurs que son haleine enlève
Pleuvoir sur votre front du haut de l'oranger.

Il est doux de poser sur le sable immobile
Un pied lourd et lassé du mouvement des flots ;
De voir les blonds enfants et les femmes d'une île
Vous tendre les fruits d'or sous leurs treilles éclos.

Il est doux de prêter une oreille ravie
A la langue du ciel, que rien ne peut ternir,
Qui vous reporte en rêve à l'aube de la vie,
Et dont chaque syllabe est un cher souvenir.

Il est doux, sur la plage où le monarque arrive,
D'entendre aux flancs des forts les salves du canon
De l'écho de ses pas faire éclater la rive,
Et rouler jusqu'au ciel les saluts à son nom :

Mais, de tous ces accents dont le bord vous salue,
Aucun n'est aussi doux sur la terre ou les mers
Que le son caressant d'une voix inconnue
Qui récite au poëte un refrain de ses vers [1].

XXVI

INVOCATION D'HAROLD MOURANT

« Triomphe, disait-il, immortelle Nature,
Tandis que devant toi ta frêle créature,

---

1. En arrivant au port d'Ischia, l'auteur entendit une jeune fille réciter une strophe de ses vers.

Élevant ses regards de ta beauté ravis,
Va passer et mourir ; triomphe ! tu survis !
Qu'importe ! Dans ton sein, que tant de vie inonde,
L'être succède à l'être, et la mort est féconde !
Le temps s'épuise en vain à te compter des jours,
Le siècle meurt et meurt, et tu renais toujours !
Un astre dans le ciel s'éteint ? tu le rallumes !
Un volcan dans ton sein frémit ? tu le consumes !
L'Océan de ses flots t'inonde ? tu les bois !
Un peuple entier périt dans les luttes des rois ?
La terre, de leurs os engraissant ses entrailles,
Sème l'or des moissons sur le champ des batailles !
Le brin d'herbe foulé se flétrit sous mes pas,
Le gland meurt, l'homme tombe, et tu ne les vois pas !
Plus riante et plus jeune au moment qu'il expire,
Hélas ! comme à présent tu sembles lui sourire,
Et, t'épanouissant dans toute ta beauté,
Opposer à sa mort ton immortalité !

« Quoi donc ! n'aimes-tu pas au moins celui qui t'aime ?
N'as-tu point de pitié pour notre heure suprême ?
Ne peux-tu, dans l'instant de nos derniers adieux,
D'un nuage de deuil te voiler à mes yeux ?
Mes yeux moins tristement verraient ma dernière heure,
Si je pensais qu'en toi quelque chose me pleure,
Que demain la clarté du céleste rayon
Viendra d'un jour plus pâle éclairer mon gazon,
Et que les flots, les vents, et la feuille qui tombe,
Diront : « Il n'est plus là ; taisons-nous sur sa tombe. »
Mais non : tu brilleras demain comme aujourd'hui
Ah ! si tu peux pleurer, Nature, c'est pour lui !

8

Jamais être formé de poussière et de flamme
A tes purs éléments ne mêla mieux son âme ;
Jamais esprit mortel ne comprit mieux ta voix,
Soit qu'allant respirer la sainte horreur des bois,
Mon pas méancolique, ébranlant leurs ténèbres,
Troublât seul les échos de leurs dômes funèbres ;
Soit qu'au sommet des monts, écueils brillants de l'air,
J'entendisse rouler la foudre, et que l'éclair,
S'échappant coup sur coup dans le choc des nuages,
Brillât d'un feu sanglant comme l'œil des orages ;
Soit que, livrant ma voile aux haleines des vents,
Sillonnant de la mer les abîmes mouvants,
J'aimasse à contempler une vague écumante
Crouler sur mon esquif en ruine fumante.
Et m'emporter au loin sur son dos triomphant,
Comme un lion qui joue avec un faible enfant !
Plus je fus malheureux, plus tu me fus sacrée !
Plus l'homme s'éloigna de mon âme ulcérée,
Plus dans la solitude, asile du malheur,
Ta voix consolatrice enchanta ma douleur !
Et maintenant encore... à cette heure dernière...
Tout ce que je regrette en fermant ma paupière,
C'est le rayon brillant du soleil du midi
Qui se réfléchira sur mon marbre attiédi ! »

XXVII

L'INFINI DANS LES CIEUX

C'est une nuit d'été ; nuit dont les vastes ailes
Font jaillir dans l'azur des milliers d'étincelles ;
Qui, ravivant le ciel comme un miroir terni,
Permet à l'œil charmé d'en sonder l'infini ;
Nuit où le firmament, dépouillé de nuages,
De ce livre de feu rouvre toutes les pages !
Sur le dernier sommet des monts, d'où le regard
Dans un double horizon se répand au hasard,
Je m'assieds en silence, et laisse ma pensée
Flotter comme une mer où la lune est bercée.

L'harmonieux éther, dans ses vagues d'azur,
Enveloppe les monts d'un fluide plus pur ;
Leurs contours qu'il éteint, leurs cimes qu'il efface,
Semblent nager dans l'air et trembler dans l'espace,
Comme on voit jusqu'au fond d'une mer en repos
L'ombre de son rivage onduler sous les flots.
Sous ce jour sans rayon, plus serein qu'une aurore,
A l'œil contemplatif la terre semble éclore ;
Elle déroule au loin ses horizons divers
Où se joua la main qui sculpta l'univers.
Là, semblable à la vague, une colline ondule ;
Là le coteau poursuit le coteau qui recule ;
Et le vallon, voilé de verdoyants rideaux,
Se creuse comme un lit pour l'ombre et pour les eaux ;

Ici s'étend la plaine, où, comme sur la grève,
La vague des épis s'abaisse et se relève ;
Là, pareil au serpent dont les nœuds sont rompus,
Le fleuve, renouant ses flots interrompus,
Trace à son cours d'argent des méandres sans nombre,
Se perd sous la colline et reparaît dans l'ombre ;
Comme un nuage noir, les profondes forêts
D'une tache grisâtre ombragent les guérets,
Et plus loin, où la plage en croissant se reploie,
Où le regard confus dans les vapeurs se noie,
Un golfe de la mer, d'îles entrecoupé,
Des blancs reflets du ciel par la lune frappé,
Comme un vaste miroir brisé sur la poussière,
Réfléchit dans l'obscur des fragments de lumière.

Que le séjour de l'homme est divin, quand la nuit
De la vie orageuse étouffe ainsi le bruit !
Ce sommeil, qui d'en haut tombe avec la rosée
Et ralentit le cours de la vie épuisée,
Semble planer aussi sur tous les éléments,
Et de tout ce qui vit calmer les battements.
Un silence pieux s'étend sur la nature :
Le fleuve a son éclat, mais n'a plus son murmure ;
Les chemins sont déserts, les chaumières sans voix ;
Nulle feuille ne tremble à la voûte des bois ;
Et la mer elle-même, expirant sur sa rive,
Roule à peine à la plage une lame plaintive :
On dirait, en voyant ce monde sans échos,
Où l'oreille jouit d'un magique repos,
Où tout est majesté, crépuscule, silence,
Et dont le regard seul atteste l'existence,
Que l'on contemple en songe, à travers le passé,

Le fantôme d'un monde où la vie a cessé.
Seulement, dans les troncs des pins aux larges cimes,
Dont les groupes épars croissent sur ces abîmes,
L'haleine de la nuit, qui se brise parfois,
Répand de loin en loin d'harmonieuses voix,
Comme pour attester, dans leur cime sonore,
Que ce monde assoupi palpite et vit encore.

Un monde est assoupi sous la voûte des cieux ?
Mais, dans la voûte même où s'élèvent mes yeux,
Que de mondes nouveaux, que de soleils sans nombre,
Trahis par leur splendeur, étincellent dans l'ombre !
Les signes épuisés s'usent à les compter,
Et l'âme infatigable est lasse d'y monter !
Les siècles, accusant leur alphabet stérile,
De ces astres sans fin n'ont nommé qu'un sur mille ;
Que dis-je ? au bord des cieux, ils n'ont vu qu'ondoyer
Les mourantes lueurs de ce lointain foyer :
Là l'antique Orion des nuits perçant les voiles,
Dont Job a le premier nommé les sept étoiles ;
Le Navire fendant l'éther silencieux,
Le Bouvier dont le char se traîne dans les cieux,
La Lyre aux cordes d'or, le Cygne aux blanches ailes,
Le Coursier qui du ciel tire des étincelles,
La Balance inclinant son bassin incertain,
Les blonds Cheveux livrés au souffle du matin,
Le Bélier, le Taureau, l'Aigle, le Sagittaire,
Tout ce que les pasteurs contemplaient sur la terre,
Tout ce que les héros voulaient éterniser,
Tout ce que les amants ont pu diviniser,
Transporté dans le ciel par de touchants emblèmes,
N'a pu donner des noms à ces brillants systèmes.

Les cieux pour les mortels sont un livre entr'ouvert,
Ligne à ligne à leurs yeux par la nature offert ;
Chaque siècle avec peine en déchiffre une page,
Et dit : « Ici finit ce magnifique ouvrage ! »
Mais sans cesse le doigt du céleste écrivain
Tourne un feuillet de plus de ce livre divin,
Et l'œil voit, ébloui par ces brillants mystères,
Étinceler sans fin de plus beaux caractères.
Que dis-je ? A chaque veille, un sage audacieux
Dans l'espace sans bords s'ouvre de nouveaux cieux :
Depuis que le cristal qui rapproche les mondes
Perce du vaste éther les distances profondes,
Et porte le regard dans l'infini perdu
Jusqu'où l'œil du calcul recule confondu,
Les cieux se sont ouverts comme une voûte sombre
Qui laisse en se brisant évanouir son ombre ;
Ses feux, multipliés plus que l'atome errant
Qu'éclaire du soleil un rayon transparent,
Séparés ou groupés, par couches, par étages,
En vagues, en écume, ont inondé ses plages,
Si nombreux, si pressés, que notre œil ébloui,
Qui poursuit dans l'espace un astre évanoui,
Voit cent fois, dans le champ qu'embrasse sa paupière,
Des mondes circuler en torrents de poussière !
Plus loin, sont ces lueurs que prirent nos aïeux
Pour les gouttes du lait qui nourrissait les dieux ;
Ils ne se trompaient pas : ces perles de lumière,
Qui de la nuit lointaine ont blanchi la carrière,
Sont des astres futurs, des germes enflammés
Que la main toujours pleine a pour les temps semés,
Et que l'esprit de Dieu, sous ses ailes fécondes,
De son ombre de feu couve au berceau des mondes.

C'est de là que, prenant leur vol au jour écrit,
Comme un aiglon nouveau qui s'échappe du nid,
Ils commencent sans guide et décrivent sans trace
L'ellipse radieuse au milieu de l'espace,
Et vont, brisant du choc un astre à son déclin,
Renouveler des cieux toujours à leur matin.

Et l'homme cependant, cet insecte invisible,
Rampant dans les sillons d'un globe imperceptible,
Mesure de ces feux les grandeurs et les poids,
Leur assigne leur place, et leur route, et leurs lois,
Comme si, dans ses mains que le compas accable,
Il roulait ces soleils comme des grains de sable !
Chaque atome de feu que dans l'immense éther,
Dans l'abîme des nuits, l'œil distrait voit flotter ;
Chaque étincelle errante aux bords de l'empyrée,
Dont scintille en mourant la lueur azurée ;
Chaque tache de lait qui blanchit l'horizon,
Chaque teinte du ciel qui n'a pas même un nom,
Sont autant de soleils, rois d'autant de systèmes,
Qui, de seconds soleils se couronnant eux-mêmes,
Guident, en gravitant dans ces immensités,
Cent planètes brûlant de leurs feux empruntés,
Et tiennent dans l'éther chacun autant de place
Que le soleil de l'homme en tournant en embrasse,
Lui, sa lune et sa terre, et l'astre du matin,
Et Saturne obscurci de son anneau lointain !

Oh ! que tes cieux sont grands ! et que l'esprit de l'homme
Plie et tombe de haut, mon Dieu, quand il te nomme !
Quand, descendant du dôme où s'égaraient ses yeux,
Atome, il se mesure à l'infini des cieux,

Et que, de ta grandeur soupçonnant le prodige,
Son regard s'éblouit, et qu'il se dit : « Que suis-je?
Oh! que suis-je, Seigneur, devant les cieux et toi?
De ton immensité le poids pèse sur moi,
Il m'égale au néant, il m'efface, il m'accable,
Et je m'estime moins qu'un de ces grains de sable ;
Car ce sable roulé par les flots inconstants,
S'il a moins d'étendue, hélas! a plus de temps :
Il remplira toujours son vide dans l'espace
Lorsque je n'aurai plus ni nom, ni temps, ni place.
Son sort est devant toi moins triste que le mien :
L'insensible néant ne sent pas qu'il n'est rien,
Il ne se ronge pas pour agrandir son être,
Il ne veut ni monter, ni juger, ni connaître,
D'un immense désir il n'est point agité ;
Mort, il ne rêve pas une immortalité ;
Il n'a pas cette horreur de mon âme oppressée,
Car il ne porte pas le poids de ta pensée !

Hélas ! pourquoi si haut mes yeux ont-ils monté?
J'étais heureux en bas dans mon obscurité ;
Mon coin dans l'étendue et mon éclair de vie
Me paraissaient un sort presque digne d'envie ;
Je regardais d'en haut cette herbe ; en comparant,
J méprisais l'insecte et je me trouvais grand.
Et maintenant, noyé dans l'abîme de l'être,
Je doute qu'un regard du Dieu qui nous fit naître
Puisse me démêler d'avec lui, vil, rampant,
Si bas, si loin de lui, si voisin du néant!
Et je me laisse aller à ma douleur profonde,
Comme une pierre au fond des abîmes de l'onde ;

Et mon propre regard, comme honteux de soi,
Avec un vil dédain se détourne de moi,
Et je dis en moi-même à mon âme qui doute :
« Va, ton sort ne vaut pas le coup d'œil qu'il te coûte ! »
Et mes yeux desséchés retombent ici-bas,
Et je vois le gazon qui fleurit sous mes pas,
Et j'entends bourdonner sous l'herbe que je foule
Ces flots d'êtres vivants que chaque sillon roule :
Atomes animés par le souffle divin,
Chaque rayon du jour en élève sans fin ;
La minute suffit pour compléter leur être,
Leurs tourbillons flottants retombent pour renaître ;
Le sable en est vivant, l'éther en est semé,
Et l'air que je respire est lui-même animé.
Et d'où vient cette vie, et d'où peut-elle éclore,
Si ce n'est du regard où s'allume l'aurore ?
Qui ferait germer l'herbe et fleurir le gazon,
Si ce regard divin n'y portait son rayon ?
Cet œil s'abaisse donc sur toute la nature ;
Il n'a donc ni mépris, ni faveur, ni mesure,
Et devant l'Infini, pour qui tout est pareil,
Il est donc aussi grand d'être homme que soleil !
Et je sens ce rayon m'échauffer de sa flamme,
Et mon cœur se console, et je dis à mon âme :
« Homme ou monde, à ses pieds, tout est indifférent ;
« Mais réjouissons-nous, car notre maître est grand ! »

Flottez, soleils des nuits, illuminez les sphères ;
Bourdonnez sous votre herbe, insectes éphémères ;
Rendons gloire là-haut, et dans nos profondeurs,
Vous par votre néant, et vous par vos grandeurs,

Et toi par ta pensée, homme, grandeur suprême,
Miroir qu'il a créé pour s'admirer lui-même,
Écho que dans son œuvre il a si loin jeté,
Afin que son saint nom fût partout répété !
Que cette humilité qui devant lui m'abaisse
Soit un sublime hommage, et non une tristesse ;
Et que sa volonté, trop haute pour nos yeux,
Soit faite sur la terre ainsi que dans les cieux !

J'ai roulé des milliers de fois cette pensée dans mes yeux et dans mon esprit, en regardant du haut d'un promontoire ou du pont d'un vaisseau le soleil se coucher sur la mer ; et plus encore en voyant l'*armée des étoiles* commencer, sous un beau firmament, sa revue et ses évolutions devant Dieu. Quand on pense que le télescope d'Herschel a compté déjà plus de cinq millions d'étoiles ; que chacune de ces étoiles est un monde plus grand et plus important que ce globe de la terre ; que ces cinq millions de mondes ne sont que les bords de cette création ; que, si nous parvenions sur le plus éloigné, nous apercevrions de là d'autres abîmes d'espace infini comblés d'autres mondes incalculables, et que ce voyage durerait des myriades de siècles, sans que nous pussions atteindre jamais les limites entre le néant et Dieu, on ne compte plus, on ne chante plus ; on reste frappé de vertige et de silence, on adore, et l'on se tait.

(*Note de l'auteur.*)

XXVIII

L'INFINI DANS UN RAYON DE SOLEIL

Vois-tu glisser entre deux feuilles
Ce rayon sur la mousse où l'ombre traîne encor
Qui vient obliquement sur l'herbe que tu cueilles
S'appuyer par le bout comme un grand levier d'or?
L'étamine des fleurs qu'agite la lumière
Y monte en tournoyant en sphère de poussière,
L'air y devient visible, et dans ce clair milieu
On voit tourbillonner des milliers d'étincelles,
D'insectes colorés, d'atomes bleus, et d'ailes
Qui nagent en jetant une lueur de Dieu !

Comme ils gravitent en cadence,
Nouant et dénouant leurs vols harmonieux !
Des mondes de Platon on croirait voir la danse
S'accomplissant au son des musiques des cieux.
L'œil ébloui se perd dans leur foule innombrable,
Il en faudrait un monde à faire un grain de sable,
Le regard infini pourrait seul les compter ;
Chaque parcelle encor s'y poudroie en parcelle,
Ah ! c'est ici le pied de l'éclatante échelle
Que de l'atome à Dieu l'infini voit monter.

Pourtant chaque atome est un être !
Chaque globule d'air est un monde habité !
Chaque monde y régit d'autres mondes peut-être,
Pour qui l'éclair qui passe est une éternité !

Dans leur lueur de temps, dans leur goutte d'espace,
Ils ont leurs jours, leurs nuits, leurs destins et leur place ;
La pensée et la vie y circulent à flot ;
Et, pendant que notre œil se perd dans ces extases,
Des milliers d'univers ont accompli leurs phases
  Entre la pensée et le mot !

  O Dieu ! que la source est immense
D'où coule tant de vie, où rentrent tant de morts !
Que perçant l'œil qui porte à de telle distance !
Qu'infini le regard qui veille à tant de sorts !
Que d'amour dans ton sein pour embrasser ces mondes,
Pour couver de si loin ces poussières fécondes,
Descendre aussi puissant des soleils au ciron !
Et comment supporter l'éclat dont tu te voiles ?
Comment te contempler au jour de tes étoiles,
  Dieu si grand dans un seul rayon ?

XXIX

PAYSAGES DANS LES ALPES

*Grotte des Aigles, 17 avril 1793,
pendant la nuit.*

O nuit majestueuse, arche immense et profonde
Où l'on entrevoit Dieu comme le fond sous l'onde,
Où tant d'astres en feux, portant écrit son nom,
Vont de ce nom splendide éclairer l'horizon,

Et jusqu'aux infinis, où leur courbe est lancée,
Porter ses yeux, sa main, son ombre, sa pensée !
Et toi, lune limpide et claire, où je crois voir
Ces monts se répéter comme dans un miroir,
Pour que deux univers, l'un brillant, l'autre sombre,
Du Dieu qui les créa s'entretinssent dans l'ombre ;
Et vous, vents palpitant la nuit sur ces hauts lieux,
Qui caressez la terre et parfumez les cieux ;
Et vous, bruit des torrents ; et vous, pâles nuages,
Qui passez sans ternir ces rayonnantes plages,
Comme à travers la vie, où brille un chaste azur,
L'ombre des passions passe sur un cœur pur ;
Mystères de la nuit que l'ange seul contemple,
Cette heure aussi pour moi lève un rideau du temple !
Ces pics aériens m'ont rapproché de vous ;
Je vous vois seul à seul, et je tombe à genoux,
Et j'assiste à la nuit comme au divin spectacle
Que Dieu donne aux esprits dans son saint tabernacle !

Comme l'œil plonge loin dans ce pur firmament !
Quel bleu tendre, et pourtant quel éblouissement !
On dirait l'eau des mers quand une faible brise
Fait miroiter les flots où le rayon se brise.
— Voilà sur l'horizon l'étoile qui descend !
— L'ombre des noirs sapins me voile le croissant ;
Sa mobile blancheur semble sous ce nuage
Une neige qui tombe et fond sur le feuillage.
— Au doux vent que ma joue à peine a ressenti,
Quel immense soupir de leur cime est sorti !
Il naît, il gronde, il baisse,... il meurt. C'est la tempête
Qui passe avec ses voix et ses coups sur ma tête ;

C'est la voile où le vent siffle et tonne la nuit,
Quand sur les sombres mers la vague la poursuit.
— Non, c'est un souffle mort dont la nuit les effleure.
— Oh ! qu'à présent la brise avec tendresse y pleure !
N'est-ce pas le soupir de quelque esprit ami,
Qui dans ces sons si doux se dévoile à demi,
Vient prêter à ces vents leur douce voix de femme,
Et par pitié pour nous pleurer avec notre âme ?

Arbres harmonieux, sapins, harpe des bois,
Où tous les vents du ciel modulent une voix,
Vous êtes l'instrument où tout pleure, où tout chante,
Où de ses mille échos la nature s'enchante,
Où, dans les doux accents d'un souffle aérien,
Tout homme a le soupir d'accord avec le sien !
Arbres saints, qui savez ce que Dieu nous envoie,
Chantez, pleurez, portez ma tristesse ou ma joie !
Seul il sait, dans les sons dont vous nous enchantez,
Si vous pleurez sur nous, ou bien si vous chantez.

Grotte des Aigles, 18 avril 1793.

Le sommeil m'a surpris sous le nocturne dôme ;
L'alouette a chanté mon réveil ; mon royaume
Sous un jour de printemps en fleurs m'est apparu,
Et du matin au soir mes pas l'ont parcouru.
Qu'il est vert ! Et pour qui, sur ces hauts précipices,
Dieu créa-t-il un jour ce vallon de délices,
Et d'un triple rempart élevé de ses mains
En ferma-t-il l'accès et la vue aux humains ?

Là le gouffre tonnant où le glacier se verse,
Et qu'à travers la mort le pont de roc traverse ;
Ici ces pics glacés, qui ne fondent jamais,
L'entourent à demi de leurs neigeux sommets ;
Et plus bas, à l'endroit où son lit qui serpente
Semble au penchant des monts vouloir unir sa pente,
Le rocher tout à coup l'arrête et le retient,
Et d'un escarpement dans les airs le soutient ;
Sur ses parois, polis par l'égout des ravines,
Nulle herbe, nulle fleur ne pend par les racines ;
Et la voix des bergers, qu'on voit à peine en bas,
Se perd dans la distance et ne m'y parvient pas.
A l'abri de ces flots, de ces rocs, de ces neiges,
Ne craignant des mortels ni surprise ni piéges,
Je trouve comme l'aigle, en mon aire élevé,
Tout ce que le désir d'un poëte eût rêvé :
Arbres fils de leur gland courbés sous les tempêtes,
Mais dont la foudre seule ose ébrancher les têtes ;
Lianes, de leurs pieds à leur front serpentant,
Qui bercent fleurs et nids sur leur filet flottant ;
Rayon doré du jour qui sous leur nuit se joue,
Tremblant sur l'herbe, au gré du vent qui les secoue ;
Hauts gazons où sur l'or nagent les papillons,
Où les vents creusent seuls leur trace en verts sillons ;
Herbe que chaque brise en molles vagues roule,
Répandant mille odeurs sous mon pied qui les foule ;
Eau qui dort dans la feuille où l'ombre la brunit,
Ou remplit jusqu'aux bords ses coupes de granit ;
Écume des ruisseaux sur leurs pentes fleuries,
Se perdant comme un lait dans le vert des prairies ;
Lac limpide et dormant comme un morceau tombé
De cet azur nocturne à ce ciel dérobé,

Dont le creux transparent jusqu'au fond se dévoile,
Où, quand le jour s'éteint, la sombre nuit s'étoile,
Où l'on ne voit flotter que les fleurs des lotus
Que leur poids de rosée a sur l'onde abattus,
Et le duvet d'argent que le cygne sauvage,
En se baignant dans l'onde, a laissé sur la plage ;
Golfes étroits, cachés dans les plis des vallons ;
Aspects sans borne ouverts sur les grands horizons ;
Abîmes où l'oreille écoute l'avalanche ;
Cimes dans l'éther bleu noyant leur flèche blanche ;
Grandes ombres des monts qui brunissent leurs flancs;
Rayon répercuté des pics étincelants ;
Air élastique et tiède, où le sein qui s'abreuve
Croit boire, en respirant, une âme toujours neuve ;
Bruit qu'on entend si loin descendre ou s'élever ;
Silence où l'âme dort et s'écoute rêver ;
Partout, avec la paix, mouvement qui l'anime :
Des troupeaux de chamois qui volent sur l'abîme,
Chevreuils rongeant l'écorce, écureuils dans les bois,
Chants de milliers d'oiseaux qui confondent leurs voix,
Vols d'insectes dorés et bourdonnements d'ailes,
De leurs prismes flottants semant les étincelles,
Fleurs partout sous mes pas et parfums dans les airs :
Voilà ce que le ciel a fait pour ces déserts.

Même date, le soir.

Mais de ces lieux charmants le chef-d'œuvre est la voûte
Dans le rocher, dont l'aigle a seul trouvé la route ;
A l'orient du lac et le long de ses eaux
La montagne en croulant s'est brisée en morceaux,

Et, semant ses rochers en confuses ruines,
A de leurs blocs épars entassé les collines.
Ces rocs accumulés, par leur chute fendus,
L'un sur l'autre au hasard sont restés suspendus ;
Les ans ont cimenté leur bizarre structure
Et recouvert leurs flancs de sol et de verdure.
On y marche partout sur un tertre aplani
Que la feuille tombée et la mousse ont jauni ;
Seulement, quand on frappe, on peut entendre encore
Résonner sous les pas le terrain plus sonore.
Cinq vieux chênes, germant dans ses concavités,
Y penchent en tous sens leurs troncs creux et voûtés
De leurs pieds chancelants les bases colossales
Du granit au granit joignent les intervalles,
S'enlacent sur le sol comme de noirs serpents,
Et retiennent les blocs entre leurs nœuds rampants
Le plus vieux, suspendu sur l'une des ravines,
La couvre comme un pont de ses larges racines,
Puis, au rayon du jour pour mieux la dérober,
Étend un vaste bras qu'il laisse retomber,
Et, sous ce double abri de rameaux, de verdure,
Il voile à tous les yeux son étroite ouverture.
Il faut, pour découvrir cet antre souterrain,
Ramper en écartant les feuilles de la main.
A peine a-t-on glissé sous l'arche verte et sombre,
Un corridor étroit vous reçoit dans son ombre ;
On marche un peu courbé sous d'humides arceaux,
De circuits en circuits, au bruit profond des eaux,
Qui, creusant à vos pieds un canal dans la pierre,
Murmurent jusqu'au lac dans leur solide ornière.
Un jour pâle et lointain, lueur qui part du fond,
Guide déjà les yeux dans ce sentier profond ;

La voûte s'agrandit, le rocher se retire,
Le sein plus librement se soulève et respire ;
Le sol monte, trois blocs vous servent de degrés,
Et dans la roche vide enfin vous pénétrez.

Vingt quartiers, suspendus sur leur arête vive,
En soutiennent le dôme en gigantesque ogive ;
Leurs angles de granit en mille angles brisés,
Leurs flancs pris dans leurs flancs, l'un sur l'autre écrasés,
Ont rejailli du poids comme une molle argile ;
L'eau que la pierre encor goutte à goutte distille
A poli les contours de ces grands blocs pendants,
De stalactite humide a revêtu leurs dents,
Et, les amincissant en immenses spirales,
Les sculpte comme un lustre au ciel des cathédrales.
Ces gouttes, qu'en tombant leur pente réunit,
Ont creusé dans un angle un bassin de granit,
Où l'on entend pleuvoir de minute en minute
L'eau sonore qui chante et pleure dans sa chute ;
Toujours quelque hirondelle au vol bas et rasant
Y plane, ou sur le bord s'abreuve en se posant,
Puis, remontant au cintre où l'oiseau frileux niche,
Se pend à l'un des nids qui bordent la corniche.

Le rocher vif et nud enclôt de toutes parts
La grotte enveloppée en ces sombres remparts ;
Mais du côté du lac une secrète issue,
Fente entre deux grands blocs, étroite, inaperçue,
En renouvelant l'air sous la terre attiédi,
Laisse entrer le rayon et le jour du midi.
On ne peut du dehors découvrir l'interstice ;
Le rocher pend ici sur l'onde en précipice,

Son flanc rapide et creux par le lac est miné.
Au-dessus de la grotte un lierre enraciné,
Laissant flotter en bas ses festons et ses nappes,
Étend comme un rideau ses feuilles et ses grappes,
Et, se tressant en grille et croisant ses barreaux,
Sur la fenêtre oblongue épaissit ses réseaux.
Je puis, en écartant ce vert rideau de lierre,
Mesurer à mes yeux la nuit ou la lumière,
Adoucir la chaleur ou l'éclat du rayon,
Ou, m'ouvrant de la main un immense horizon,
Du fond de ma retraite à ces monts suspendue,
Laisser fuir mon regard jusqu'à perte de vue.
Auprès de l'ouverture est un banc de rocher
Où je puis à mon gré m'asseoir ou me coucher,
Lire aux rayons flottants qui tremblent sur ma Bible,
Ou, contemplant de Dieu l'ombre ici plus visible,
Les yeux sur la nature, élever au Seigneur,
Dans des transports muets, l'hymne ardent de mon cœur.

Un air égal et doux, tiède haleine de l'onde,
Règne ici quand la bise ailleurs transit ou gronde
Aucun vent n'y pénètre, et, le jour et la nuit,
Dans ce nid de mon âme on n'entend d'autre bruit
Que les gazouillements des becs des hirondelles,
Le vol de quelque mouche aux invisibles ailes,
Le doux bruissement du lierre sur le mur,
Ou les coups sourds du lac, dont les lames d'azur.
Montant presque au niveau de ma verte fenêtre,
Renaissent pour tomber et tombent pour renaître,
Et suspendent, du bord qu'elles viennent lécher,
Leurs guirlandes d'écume aux parois du rocher.

XXX

LES LABOUREURS

(C'est le pasteur d'un village des Alpes qui parle.)

Quelquefois dès l'aurore, après le sacrifice,
Ma Bible sous mon bras, quand le ciel est propice,
Je quitte mon église et mes murs jusqu'au soir,
Et je vais par les champs m'égarer ou m'asseoir,
Sans guide, sans chemin, marchant à l'aventure,
Comme un livre au hasard feuilletant la nature ;
Mais partout recueilli, car j'y trouve en tout lieu
Quelque fragment écrit du vaste nom de Dieu.
Oh ! qui peut lire ainsi les pages du grand livre
Ne doit ni se lasser ni se plaindre de vivre !

La tiède attraction des rayons d'un ciel chaud
Sur les monts ce matin m'avait mené plus haut ;
J'atteignis le sommet d'une rude colline
Qu'un lac baigne à sa base et qu'un glacier domine,
Et dont les flancs boisés aux penchants adoucis
Sont tachés de sapins par des prés éclaircis.
Tout en haut seulement, des bouquets circulaires
De châtaigniers croulants, de chênes séculaires,
Découpant sur le ciel leurs dômes dentelés,
Imitent les vieux murs des donjons crénelés,
Rendent le ciel plus bleu par leur contraste sombre,
Et couvrent à leurs pieds quelques champs de leur ombre.
On voit en se penchant luire entre leurs rameaux
Le lac dont les rayons font scintiller les eaux,

Et glisser sous le vent la barque à l'aile blanche,
Comme une aile d'oiseau passant de branche en branche;
Mais plus près, leurs longs bras, sur l'abîme penchés
Et de l'humide nuit goutte à goutte étanchés,
Laissaient pendre leur feuille et pleuvoir leur rosée
Sur une étroite enceinte au levant exposée,
Et que d'autres troncs noirs enfermaient dans leur sein,
Comme un lac de culture en son étroit bassin ;
J'y pouvais, adossé le coude à leurs racines,
Tout voir, sans être vu, jusqu'au fond des ravines.

Déjà, tout près de moi, j'entendais par moments
Monter des pas, des voix et des mugissements :
C'était le paysan de la haute chaumine
Qui venait labourer son morceau de colline,
Avec son soc plaintif traîné par ses bœufs blancs,
Et son mulet portant sa femme et ses enfants;
Et je pus, en lisant ma Bible ou la nature,
Voir tout le jour la scène et l'écrire à mesure.
Sous mon crayon distrait le feuillet devint noir.
O nature, on t'adore encor dans ton miroir.

Laissant souffler ses bœufs, le jeune homme s'appuie
Debout au tronc d'un chêne, et de sa main essuie
La sueur du sentier sur son front mâle et doux ;
La femme et les enfants tout petits, à genoux
Devant les bœufs privés baissant leur corne à terre,
Leur cassent des rejets de frêne et de fougère,
Et jettent devant eux en verdoyants monceaux
Les feuilles que leurs mains émondent des rameaux ;

Ils ruminent en paix, pendant que l'ombre obscure,
Sous le soleil montant, se replie à mesure,
Et, laissant de la glèbe attiédir la froideur,
Vient mourir et border les pieds du laboureur.
Il rattache le joug, sous la forte courroie,
Aux cornes qu'en pesant sa main robuste ploie ;
Les enfants vont cueillir des rameaux découpés,
Des gouttes de rosée encore tout trempés,
Au joug avec la feuille en verts festons les nouent,
Que sur leurs fronts voilés les fiers taureaux secouent,
Pour que leur flanc qui bat et leur poitrail poudreux
Portent sous le soleil un peu d'ombre avec eux.
Au joug de bois poli le timon s'équilibre,
Sous l'essieu gémissant le soc se dresse et vibre,
L'homme saisit le manche, et sous le coin tranchant
Pour ouvrir le sillon le guide au bout du champ.

  O travail, sainte loi du monde,
  Ton mystère va s'accomplir !
  Pour rendre la glèbe féconde,
  De sueur il faut l'amollir.
  L'homme, enfant et fruit de la terre,
  Ouvre les flancs de cette mère
  Où germent les fruits et les fleurs ;
  Comme l'enfant mord la mamelle
  Pour que le lait monte et ruisselle
  Du sein de sa nourrice en pleurs.

La terre, qui se fend sous le soc qu'elle aiguise,
En tronçons palpitants s'amoncelle et se brise ;

Et, tout en s'entr'ouvrant, fume comme une chair
Qui se fend et palpite et fume sous le fer.
En deux monceaux poudreux les ailes la renversent.
Ses racines à nu, ses herbes, se dispersent ;
Ses reptiles, ses vers, par le soc déterrés,
Se tordent sur son sein en tronçons torturés ;
L'homme les foule aux pieds, et, secouant le manche,
Enfonce plus avant le glaive qui les tranche ;
Le timon plonge et tremble, et déchire ses doigts ;
La femme parle aux bœufs du geste et de la voix :
Les animaux, courbés sur leur jarret qui plie,
Pèsent de tout leur front sur le joug qui les lie ;
Comme un cœur généreux leurs flancs battent d'ardeur ;
Ils font bondir le sol jusqu'en sa profondeur.
L'homme presse ses pas, la femme suit à peine ;
Tous au bout du sillon arrivent hors d'haleine ;
Ils s'arrêtent : le bœuf rumine, et les enfants
Chassent avec la main les mouches de ses flancs.

  Il est ouvert, il fume encore
  Sur le sol, ce profond dessin !
  O terre, tu vis tout éclore
  Du premier sillon de ton sein ;
  Il fut un Éden sans culture,
  Mais il semble que la nature,
  Cherchant à l'homme un aiguillon,
  Ait enfoui pour lui sous terre
  Sa destinée et son mystère,
  Cachés dans son premier sillon.

  Oh ! le premier jour où la plaine,
  S'entr'ouvrant sous sa forte main,

But la sainte sueur humaine
Et reçut en dépôt le grain ;
Pour voir la noble créature
Aider Dieu, servir la nature,
Le ciel ouvert roula son pli,
Les fibres du sol palpitèrent,
Et les anges surpris chantèrent
Le second prodige accompli !

Et les hommes ravis lièrent
Au timon les bœufs accouplés ;
Et les coteaux multiplièrent
Les grands peuples comme les blés ;
Et les villes, ruches trop pleines,
Débordèrent au sein des plaines ;
Et les vaisseaux, grands alcyons,
Comme à leurs nids les hirondelles,
Portèrent sur leurs larges ailes
Leur nourriture aux nations !

Et, pour consacrer l'héritage
Du champ labouré par leurs mains,
Les bornes firent le partage
De la terre entre les humains ;
Et l'homme, à tous les droits propice,
Trouva dans son cœur la justice,
En grava le code en tout lieu ;
Et, pour consacrer ses lois même,
S'élevant à la loi suprême,
Chercha le juge et trouva Dieu !

Et la famille, enracinée
Sur le coteau qu'elle a planté,

Refleurit d'année en année
Collective immortalité ;
Et sous sa tutelle chérie
Naquit l'amour de la patrie,
Gland de peuple au soleil germé,
Semence de force et de gloire,
Qui n'est que la sainte mémoire
Du champ par ses pères semé !

Et les temples de l'Invisible
Sortirent des flancs du rocher,
Et par une échelle insensible
L'homme, de Dieu put s'approcher ;
Et les prières qui soupirent,
Et les vertus qu'elles inspirent,
Coulèrent du cœur des mortels.
Dieu dans l'homme admira sa gloire,
Et pour en garder la mémoire
Reçut l'épi sur ses autels.

Un moment suspendu, les voilà qui reprennent
Un sillon parallèle, et sans fin vont et viennent
D'un bout du champ à l'autre, ainsi qu'un tisserand
Dont la main, tout le jour sur son métier courant,
Jette et retire à soi le lin qui se dévide,
Et joint le fil au fil sur sa trame rapide.
La sonore vallée est pleine de leurs voix ;
Le merle bleu s'enfuit en sifflant dans les bois,
Et du chêne à ce bruit les feuilles ébranlées
Laissent tomber sur eux les gouttes distillées.

Cependant le soleil darde à nu ; le grillon
Semble crier de feu sur le dos du sillon.
Je vois flotter, courir sur la glèbe embrasée
L'atmosphère palpable où nage la rosée
Qui rejaillit du sol et qui bout dans le jour,
Comme une haleine en feu de la gueule d'un four.
Des bœufs vers le sillon le joug plus lourd s'affaisse ;
L'homme passe la main sur son front, sa voix baisse ;
Le soc glissant vacille entre ses doigts nerveux
La sueur, de la femme imbibe les cheveux :
Ils arrêtent le char à moitié de sa course ;
Sur les flancs d'une roche ils vont lécher la source,
Et, la lèvre collée au granit humecté,
Savourent sa fraîcheur et son humidité.

Oh ! qu'ils boivent dans cette goutte
L'oubli des pas qu'il faut marcher !
Seigneur, que chacun sur sa route
Trouve son eau dans le rocher !
Que ta grâce les désaltère !
Tous ceux qui marchent sur la terre
Ont soif à quelque heure du jour :
Fais à leur lèvre desséchée
Jaillir de ta source cachée
La goutte de paix et d'amour !

Ils ont tous cette eau de leur âme :
Aux uns c'est un sort triomphant ;
A ceux-ci le cœur d'une femme ;
A ceux-là le front d'un enfant ;

A d'autres l'amitié secrète,
Ou les extases du poëte :
Chaque ruche d'homme a son miel.
Ah ! livre à leur soif assouvie
Cette eau des sources de la vie !
Mais ma source à moi n'est qu'au ciel.

L'eau d'ici-bas n'a qu'amertume
Aux lèvres qui burent l'amour,
Et de la soif qui me consume
L'onde n'est pas dans ce séjour ;
Elle n'est que dans ma pensée
Vers mon Dieu sans cesse élancée,
Dans quelques sanglots de ma voix,
Dans ma douceur à la souffrance ;
Et ma goutte à moi d'espérance,
C'est dans mes pleurs que je la bois !

Mais le milieu du jour au repas les rappelle ;
Ils couchent sur le sol le fer ; l'homme détèle
Du joug tiède et fumant les bœufs qui vont en paix
Se coucher loin du soc sous un feuillage épais.
La mère et les enfants, qu'un peu d'ombre rassemble,
Sur l'herbe, autour du père, assis, rompent ensemble
Et se passent entre eux, de la main à la main,
Les fruits, les œufs durcis, le laitage et le pain ;
Et le chien, regardant le visage du père,
Suit d'un œil confiant les miettes qu'il espère.
Le repas achevé, la mère, du berceau
Qui repose couché dans un sillon nouveau,

Tire un bel enfant nu qui tend ses mains vers elle,
L'enlève, et, suspendu, l'emporte à sa mamelle,
L'endort en le berçant du sein sur ses genoux,
Et s'endort elle-même, un bras sur son époux.
Et sous le poids du jour la famille sommeille
Sur la couche de terre, et le chien seul les veille ;
Et les anges de Dieu d'en haut peuvent les voir,
Et les songes du ciel sur leurs têtes pleuvoir.

Oh ! dormez sous le vert nuage
De feuilles qui couvrent ce nid,
Homme, femme, enfants leur image,
Que la loi d'amour réunit !
O famille, abrégé du monde,
Instinct qui charme et qui féconde
Les fils de l'homme en ce bas lieu,
N'est-ce pas toi qui nous rappelle
Cette parenté fraternelle
Des enfants dont le père est Dieu ?

Foyer d'amour où cette flamme,
Qui circule dans l'univers
Joint le cœur au cœur, l'âme à l'âme,
Enchaîne les sexes divers,
Tu resserres et tu relies
Les générations, les vies,
Dans ton mystérieux lien ;
Et l'amour qui du ciel émane,
Des voluptés culte profane,
Devient vertu s'il est le tien !

Dieu te garde et te sanctifie :
L'homme te confie à la loi,
Et la nature purifie
Ce qui serait impur sans toi.
Sous le toit saint qui te rassemble,
Les regards, les sommeils ensemble,
Ne souillent plus ta chasteté,
Et, sans qu'aucun limon s'y mêle,
La source humaine renouvelle
Les torrents de l'humanité.

Ils ont quitté leur arbre et repris leur journée.
Du matin au couchant l'ombre déjà tournée
S'allonge au pied du chêne et sur eux va pleuvoir ;
Le lac, moins éclatant, se ride au vent du soir ;
De l'autre bord du champ le sillon se rapproche.
Mais quel son a vibré dans les feuilles ? La cloche,
Comme un soupir des eaux qui s'élève du bord,
Répand dans l'air ému l'imperceptible accord,
Et par des mains d'enfants au hameau balancée
Vient donner de si loin son coup à la pensée :
C'est l'Angelus qui tinte, et rappelle en tout lieu
Que le matin des jours et le soir sont à Dieu.
A ce pieux appel le laboureur s'arrête,
Il se tourne au clocher, il découvre sa tête,
Joint ses robustes mains d'où tombe l'aiguillon,
Élève un peu son âme au-dessus du sillon,
Tandis que les enfants, à genoux sur la terre,
Joignent leurs petits doigts dans les mains de leur mère.

Prière ! ô voix surnaturelle
Qui nous précipite à genoux ;
Instinct du ciel qui nous rappelle
Que la patrie est loin de nous ;
Vent qui souffle sur l'âme humaine,
Et de la paupière trop pleine
Fait déborder l'eau de ses pleurs,
Comme un vent qui, par intervalles,
Fait pleuvoir les eaux virginales
Du calice incliné des fleurs :

Sans toi, que serait cette fange ?
Un monceau d'un impur limon,
Où l'homme après la brute mange
Les herbes qu'il tond du sillon.
Mais par toi son aile cassée
Soulève encore sa pensée
Pour respirer au vrai séjour,
La désaltérer dans sa course,
Et lui faire boire à sa source
L'eau de la vie et de l'amour !

Le cœur des mères te soupire,
L'air sonore roule ta voix,
La lèvre d'enfant te respire,
L'oiseau t'écoute aux bords des bois ;
Tu sors de toute la nature
Comme un mystérieux murmure
Dont les anges savent le sens ;
Et ce qui souffre, et ce qui crie,
Et ce qui chante, et ce qui prie,
N'est qu'un cantique aux mille accents.

O saint murmure des prières,
Fais aussi dans mon cœur trop plein
Comme des ondes sur des pierres,
Chanter mes peines dans mon sein ;
Que le faible bruit de ma vie
En extase intime ravie
S'élève en aspirations ;
Et fais que ce cœur que tu brises,
Instrument des célestes brises,
Éclate en bénédictions !

Un travail est fini, l'autre aussitôt commence.
Voilà partout la terre ouverte à la semence :
Aux corbeilles de jonc puisant à pleine main,
En nuage poudreux la femme épand le grain ;
Les enfants, enfonçant les pas dans son ornière,
Sur sa trace, en jouant, ramassent la poussière
Que de leur main étroite ils laissent retomber,
Et que les passereaux viennent leur dérober.
Le froment répandu, l'homme attelle la herse,
Le sillon raboteux la cahote et la berce :
En groupe sur ce char les enfants réunis
Effacent sous leur poids les sillons aplanis.
Le jour tombe, et le soir sur les herbes s'essuie ;
Et les vents chauds d'automne amèneront la pluie,
Et les neiges d'hiver sous leur tiède tapis
Couvriront d'un manteau de duvet les épis ;
Et les soleils dorés en jauniront les herbes,
Et les filles des champs viendront nouer les gerbes,
Et, tressant sur leurs fronts les bluets, les pavots,
Iront danser en chœur autour des tas nouveaux ;

Et la meule broiera le froment sous les pierres ;
Et, choisissant la fleur, la femme des chaumières
Levée avant le jour pour battre le levain,
De ses petits enfants aura pétri le pain ;
Et les oiseaux du ciel, le chien, le misérable,
Ramasseront en paix les miettes de la table ;
Et tous béniront Dieu dont les fécondes mains
Au festin de la terre appellent les humains !

———

C'est ainsi que ta providence
Sème et cueille l'humanité,
Seigneur, cette noble semence
Qui germe pour l'éternité.
Ah ! sur les sillons de la vie
Que ce pur froment fructifie !
Dans les vallons de ses douleurs,
O Dieu, verse-lui ta rosée !
Que l'argile fertilisée
Germe des hommes et des fleurs !

XXXI

UN VILLAGE DANS LES ALPES

Sur un des verts plateaux des Alpes de Savoie,
Oasis dont la roche a fermé toute voie,
Où l'homme n'aperçoit, sous ses yeux effrayés,
Qu'abîme sur sa tête et qu'abîme à ses pieds,

La nature étendit quelques étroites pentes
Où le granit retient la terre entre ses fentes
Et ne permet qu'à peine à l'arbre d'y germer,
A l'homme de gratter la terre et d'y semer.
D'immenses châtaigniers aux branches étendues
Y cramponnent leurs pieds dans les roches fendues,
Et pendent en dehors sur des gouffres obscurs,
Comme la giroflée aux parois des vieux murs ;
On voit à mille pieds, au-dessous de leurs branche
La grande plaine bleue avec ses routes blanches,
Les moissons jaune d'or, les bois comme un point noir,
Et les lacs renvoyant le ciel comme un miroir ;
La toise de pelouse, à leur ombre abritée,
Par la dent des chevreaux et des ânes broutée,
Épaissit sous leurs troncs ses duvets fins et courts,
Dont mille filets d'onde humectent le velours,
Et pendant le printemps, qui n'est qu'un court sourire,
Enivre de leurs fleurs le vent qui les respire.
Des monts tout blancs de neige encadrent l'horizon,
Comme un mur de cristal, de ma haute prison,
Et, quand leurs pics sereins sont sortis des tempêtes,
Laissent voir un pan bleu de ciel pur sur nos têtes.
On n'entend d'autre bruit, dans cet isolement,
Que quelques voix d'enfants, ou quelque bêlement
De génisse ou de chèvre au ravin descendues,
Dont le pas fait tinter les cloches suspendues ;
Les sons entrecoupés du nocturne Angelus,
Que le père et l'enfant écoutent les fronts nus,
Et le sourd ronflement des cascades d'écume,
Auquel, en l'oubliant, l'oreille s'accoutume,
Et qui semble, fondu dans ces bruits du désert,
La basse sans repos d'un éternel concert.

Les maisons, au hasard sous les arbres perchées,
En groupes de hameaux sont partout épanchées,
Semblent avoir poussé, sans plans et sans dessein,
Sur la terre, avec l'arbre et le roc, de son sein.
Les pauvres habitants, dispersés dans l'espace,
Ne s'y disputent pas le soleil et la place,
Et chacun sous son chêne, au plus près de son champ,
A sa porte au matin et son mur au couchant.
Des sentiers où des bœufs le lourd sabot s'aiguise
Mènent de l'une à l'autre, et de là vers l'église
Dont depuis deux cents ans à tous ces pieds humains
Le baptême et la mort ont frayé les chemins.

Elle s'élève seule au bout du cimetière
Avec ses murs épais et bas, verdis de lierre,
Et ses ronces grimpant en échelle, en feston,
Jusqu'au chaume moussu qui lui sert de fronton.
On ne peut distinguer cette chaumière sainte
Qu'au plus grand abandon du petit champ d'enceinte,
Où le sol des tombeaux, par la mort cultivé,
N'offre qu'un tertre ou deux tous les ans élevé,
Que recouvrent bientôt la mauve et les orties,
Premières fleurs toujours de nos cendres sorties,
Et qu'à l'humble clocher qui surmonte les toits
Et s'ouvre aux quatre vents pour répandre sa voix.

Ma demeure est auprès ; ma maison isolée
Par l'ombre de l'église est au midi voilée,
Et les troncs des noyers qui la couvrent du nord
Aux regards des passants en dérobent l'abord.
Des quartiers de granit que nul ciseau ne taille,
Tels que l'onde les roule, en forment la muraille :

Ces blocs irréguliers, noircis par les hivers,
De leur mousse natale y sont encore couverts ;
La joubarbe, la menthe, et ces fleurs parasites
Que la pluie enracine aux parois décrépites,
Y suspendent partout leurs panaches flottants,
Et les font comme un pré reverdir au printemps.
Trois fenêtres d'en haut, par le toit recouvertes,
Deux au jour du matin, l'autre au couchant, ouvertes,
Se creusant dans le mur comme des nids pareils,
Reçoivent les premiers et les derniers soleils ;
Le toit, qui sur les murs déborde d'une toise,
A pour tuiles des blocs et des pavés d'ardoise,
Que d'un rebord vivant le pigeon bleu garnit,
Et sous les soliveaux l'hirondelle a son nid.
Pour défendre ce toit des coups de la tempête,
Des quartiers de granit sont posés sur le faîte,
Et, faisant ondoyer les tuiles et les bois,
Au vol de l'ouragan ils opposent leur poids

Bien que si haut assise au sommet d'une chaîne,
Son horizon borné n'a ni grand ciel ni plaine :
Adossée au penchant d'un étroit mamelon,
Elle n'a pour aspect qu'un oblique vallon
Qui se creuse un moment comme un lac de verdure,
Pour donner au verger espace et nourriture ;
Puis, reprenant sa pente et s'y rétrécissant,
De ravin en ravin avec les monts descend.
Les troncs noirs des noyers, un pan de roche grise,
L'herbe de mon verger, les murs nus de l'église
Le cimetière avec ses sillons et ses croix,
Et puis un peu de ciel, c'est tout ce que je vois

Mais combien au regard du peintre et du poëte,
En vie, en mouvement, la nature rachète
Ce qu'elle a refusé d'espace à l'horizon !
Une cascade tombe au pied de la maison,
Et le long d'une roche, en nappe blanche et fine,
Y joue avec le vent dont un souffle l'incline,
Y joue avec le jour dont le rayon changeant
Semble s'y dérouler dans ses réseaux d'argent,
Et, par des rocs aigus, dans sa chute brisée,
Aux feuilles du jardin se suspend en rosée.
Légère, elle n'a pas ce bruit tonnant et sourd
Qu'en se précipitant roule un torrent plus lourd ;
Elle n'a qu'une plainte intermittente et douce,
Selon qu'elle rencontre ou la pierre ou la mousse,
Que le vent faible ou fort la fouette à ses parois,
Lui prête ou lui retire ou lui rend plus de voix ;
Dans les sons inégaux que son onde module
Chaque soupir de l'âme en note s'articule :
Harpe toujours tendue, où le vent et les eaux
Rendent dans leurs accords des chants toujours nouveaux,
Et qui semble la nuit, en ces notes étranges,
L'air sonore des cieux froissé du vol des anges.

XXXII

ÉTERNITÉ DE LA NATURE
BRIÈVETÉ DE L'HOMME

CANTIQUE

Roulez dans vos sentiers de flamme,
Astres, rois de l'immensité !
Insultez, écrasez mon âme
Par votre presque éternité !
Et vous, comètes vagabondes,
Du divin océan des mondes
Débordement prodigieux,
Sortez des limites tracées,
Et révélez d'autres pensées
De Celui qui pensa les cieux !

Triomphe, immortelle nature,
A qui la main pleine de jours
Prête des forces sans mesure,
Des temps qui renaissent toujours !
La mort retrempe ta puissance :
Donne, ravis, rends l'existence
A tout ce qui la puise en toi ;
Insecte éclos de ton sourire,
Je nais, je regarde et j'expire :
Marche, et ne pense plus à moi !

Vieil Océan, dans tes rivages
Flotte comme un ciel écumant,
Plus orageux que les nuages,
Plus lumineux qu'un firmament !
Pendant que les empires naissent,
Grandissent, tombent, disparaissent
Avec leurs générations,
Dresse tes bouillonnantes crêtes,
Bats ta rive, et dis aux tempêtes :
« Où sont les nids des nations ? »

Toi qui n'es pas lasse d'éclore
Depuis la naissance des jours,
Lève-toi, rayonnante aurore,
Couche-toi, lève-toi toujours !
Réfléchissez ses feux sublimes,
Neiges éclatantes des cimes,
Où le jour descend comme un roi !
Brillez, brillez pour me confondre !
Vous qu'un rayon du jour peut fondre,
Vous subsisterez plus que moi.

Et toi qui t'abaisse et t'élève
Comme la poudre des chemins,
Comme les vagues sur la grève,
Race innombrable des humains,
Survis au temps qui me consume,
Engloutis-moi dans ton écume :
Je sens moi-même mon néant.
Dans ton sein qu'est-ce qu'une vie ?
Ce qu'est une goutte de pluie
Dans les bassins de l'Océan.

Vous mourez pour renaître encore,
Vous fourmillez dans vos sillons ;
Un souffle du soir à l'aurore
Renouvelle vos tourbillons ;
Une existence évanouie
Ne fait pas baisser d'une vie
Le flot de l'être toujours plein ;
Il ne vous manque quand j'expire
Pas plus qu'à l'homme qui respire
Ne manque un souffle de son sein.

Vous allez balayer ma cendre :
L'homme ou l'insecte en renaîtra !
Mon nom brûlant de se répandre
Dans le nom commun se perdra :
Il fut ! voilà tout. Bientôt même
L'oubli couvre ce mot suprême,
Un siècle ou deux l'auront vaincu !
Mais vous ne pouvez, ô Nature,
Effacer une créature.
Je meurs ! qu'importe ? j'ai vécu !

Dieu m'a vu ! le regard de vie
S'est abaissé sur mon néant.
Votre existence rajeunie
A des siècles : j'eus mon instant !
Mais dans la minute qui passe
L'infini de temps et d'espace
Dans mon regard s'est répété,
Et j'ai vu dans ce point de l'être
La même image m'apparaître
Que vous dans votre immensité !

Distances incommensurables,
Abîmes des monts et des cieux,
Vos mystères inépuisables
Se sont révélés à mes yeux :
J'ai roulé dans mes vœux sublimes
Plus de vagues que tes abîmes
N'en roulent, ô mer en courroux !
Et vous, soleils aux yeux de flamme,
Le regard brûlant de mon âme
S'est élevé plus haut que vous !

De l'Être universel, unique,
La splendeur dans mon ombre a lui,
Et j'ai bourdonné mon cantique
De joie et d'amour devant lui ;
Et sa rayonnante pensée
Dans la mienne s'est retracée,
Et sa parole m'a connu ;
Et j'ai monté devant sa face,
Et la Nature m'a dit : « Passe ;
Ton sort est sublime : il t'a vu ! »

Vivez donc vos jours sans mesure,
Terre et ciel, céleste flambeau,
Montagnes, mers ! et toi, Nature,
Souris longtemps sur mon tombeau !
Effacé du livre de vie,
Que le néant même m'oublie !
J'admire et ne suis point jaloux.
Ma pensée a vécu d'avance,
Et meurt avec une espérance
Plus impérissable que vous !

C'est un chant ou plutôt un cri de pieux enthousiasme échappé de mon âme à Florence, en 1828. C'est une des poésies de ma jeunesse qui me rappelle le plus à moi-même le modèle idéal du lyrisme, dont j'aurais voulu approcher.

(Note de l'auteur.)

XXXIII

LE TISSERAND (récit)

C'est le prêtre des Alpes qui raconte sa course et sa rencontre dans le chemin en allant à la montagne dans un temps d'épidémie.

Ce soir je remontais pour descendre demain,
Le cœur saignant, les pieds tout meurtris du chemin,
L'esprit anéanti du poids de leur misère,
Comme Jésus montant sous la croix son Calvaire ;
Je récitais tout bas les psaumes consacrés
Pour les âmes de ceux que j'avais enterrés.
La nuit enveloppait les muettes campagnes ;
Seulement, en montant, les crêtes des montagnes,
Que la lune tardive allait bientôt franchir,
D'une écume de jour commençaient à blanchir.
Elle parut enfin, comme un charbon de braise
Qu'on tire avant le jour du creux de la fournaise,
Et, glissant sur la pente en ruisseau de clarté,
M'éclaira mon sentier de tout autre écarté,
Dur sentier suspendu sur le bord des abîmes,
S'enfonçant dans la gorge et remontant les cimes,
Puis enfin, contournant la pente du rocher,
Allant avec mes yeux aboutir au clocher.

J'avais monté longtemps ; mon front à large goutte
Ruisselait de sueur découlant sur la route.
Quand je fus à peu près à moitié du chemin,
A l'endroit du sentier coupé par le ravin,
Sur l'arche du vieux pont, où le torrent dégorge,
Qui joint un bord à l'autre au creux noir de la gorge,
Sur le pied de la croix qui s'élève au milieu
Je m'assis un moment pour respirer un peu.
Un silence complet endormait la nature ;
Le torrent desséché s'étendait sans murmure ;
Je comptais les rochers de son lit peu profond,
Par la lune baignés, blanchissants jusqu'au fond ;
Et, dans l'air de la nuit, sans haleine et sans voiles,
On aurait entendu palpiter les étoiles.
Je fus tiré du sein de ma réflexion
Par un étrange bruit de respiration ;
J'écoutai : c'était bien une pénible haleine
Qui sortait, sous le pont, d'une poitrine humaine,
Et qu'au fond du ravin, de moment en moment,
Entrecoupait un faible et sourd gémissement.
Je refuse un instant le souffle à ma poitrine,
Au bas du parapet, l'œil tendu, je m'incline,
Je regarde, j'appelle, et rien ne me répond.
Par le lit du torrent je descends sous le pont.
La lune en inondait l'arche basse et profonde.
Où ses rayons tremblaient sur le sable au lieu d'onde,
Et, répandant assez de jour pour l'éclairer,
Laissaient l'œil et les pas libres d'y pénétrer.
De ronces et de joncs écartant quelque tige,
J'entrai d'un pas tremblant sous cette arche. Que vis-je
Un jeune homme, le corps sur le sable étendu,
Le frisson de la mort sur sa peau répandu,

Sans regard et sans voix, le bras sur quelque chose
De long, d'étroit, de blanc, qui près de lui repose,
Et que, dans son instinct, sa main ouverte encor
Semblait contre son cœur presser comme un trésor.
Je recule d'un pas, la pitié me rapproche.
Recueillant un peu d'eau dans le creux d'une roche,
J'en baigne avec la main son front évanoui :
Il rouvre un œil mourant par la lune ébloui,
Jette un regard confus sur mon habit, regarde
Si rien n'a déplacé le long fardeau qu'il garde,
Cherche en vain dans sa voix un mot pour me bénir,
Se met sur son séant et ne peut s'y tenir...
Je lui fis avec peine avaler une goutte
D'un flacon de vin vieux que j'avais pour ma route ;
Et quand il eut repris ses forces à demi :
« Que faites-vous ici, lui dis-je, mon ami,
Sous cette arche, à cette heure ? Êtes-vous un coupable
Que son crime poursuit, ou quelque misérable
Qui, n'ayant plus de toit pour abriter son front,
Pendant les nuits d'hiver se cache sous le pont ?
Coupable ou malheureux, vous n'avez rien à taire :
Pardonner, soulager, c'est tout mon ministère ;
Je suis l'œil et la main et l'oreille de Dieu,
Sa providence à tous, le curé de ce lieu ! »
Un éclair, à ce nom, parcourut son visage ;
Il joignit ses deux mains : « Le curé du village ?
Vous ! vous ! s'écria-t-il. Ne me trompez-vous pas ?
Ah ! c'est Dieu qui nous a jetés là sous vos pas ;
O bon Samaritain, c'est lui qui vous envoie !
Arriver jusqu'à vous, puis mourir avec joie !
— Qu'attendez-vous de moi ? lui dis-je. — Hélas ! voyez,
Voyez ce qu'en tombant je dépose à vos pieds ! »

Et retirant son corps qui projetait une ombre
Sur le côté de l'arche et du fardeau plus sombre,
Je vis sur la poussière un grand coffre de bois :
Un lambeau de lin blanc en couvrait les parois ;
Une croix de drap noir, petite, inaperçue,
Du côté le plus large au lin était cousue ;
Une image de sainte, au bas, avec des lis,
Comme le pauvre peuple en suspend à ses lits,
Un rameau de buis sec, plus haut une couronne,
De ces fleurs de papier qu'aux fiançailles l'on donne,
Que tresse un fil de cuivre aux oripeaux d'argent,
Pauvre luxe fané de l'amour indigent.
A ces signes, hélas ! si présents à mon âme,
Je reconnus soudain le cercueil d'une femme.
« Malheureux ! m'écriai-je en un premier transport,
Parlez, que faisiez-vous ? Profaniez-vous la mort ?
Vouliez-vous dérober au tombeau son mystère ?
Osiez-vous disputer sa dépouille à la terre ? »
Son front à ce soupçon se redressa d'effroi ;
Il joignit ses deux mains sur le cercueil : « Ah ! moi,
Moi profaner la mort et dépouiller la tombe !
Ah ! si depuis deux jours sous ce poids je succombe,
C'est pour n'avoir pas pu des vivants obtenir
Une main de l'autel qui voulût la bénir,
Une prière à part, hélas ! pour sa pauvre âme !
Cette bière est à moi, cette morte est ma femme !
— Expliquez-vous, lui dis-je, et sur ce cher linceul,
S'il est vrai, mon enfant, vous ne prierez pas seul ;
Mes larmes tomberont du cœur avec les vôtres :
Je n'en ai plus pour moi, mais j'en ai pour les autres. »
Je m'assis près du corps, dans le lit du torrent.

« J'étais, monsieur, dit-il, un pauvre tisserand.
A celle que j'aimais marié de bonne heure,
De travail et d'espoir dans notre humble demeure
Nous vivions ; nos amours avaient été bénis
D'un enfant de trois ans, vienne la Saint-Denis.
Que nous étions heureux tous trois, toujours ensemble,
Autour de ce métier où la tâche rassemble !
Que de chants, de regards, de sourires d'amour,
Sur la trame, entre nous, s'échangeaient tout le jour !
Ma femme, à mes côtés, travaillant à l'aiguille,
Me passant la navette, et la petite fille,
De mon métier déjà comprenant les outils,
Garnissant les fuseaux ou dévidant les fils.
Et le soir, quand le lin reposait sur la trame,
Quel plaisir de nous voir, assis avec ma femme,
Auprès de la fenêtre où quelques pots de fleurs,
D'iris, de réséda, nous soufflaient les odeurs,
Regarder en repos le soleil qui se couche,
De ses longs rayons d'or jouant sur notre couche ;
Manger sur nos genoux nos fruits et notre pain,
Nous agacer du coude ou nous prendre la main,
Pendant que l'un de nous, de son pied qu'il soulève,
Berçait dans son berceau l'enfant riant d'un rêve !
Ah ! monsieur, il me semble encor que je les vois !
Cette image me tue et me coupe la voix.
Le travail allait bien alors ; chaque semaine
Le salaire assidu suffisait à la peine ;
La toile ne manquait jamais sur le métier,
Et nous pouvions manger notre pain tout entier ;
Nous n'avions au bon Dieu que des grâces à rendre.
Combien l'amour heureux rend la prière tendre !
Et combien dans nos yeux de larmes de bonheur

De ses dons tous les soirs rendaient grâce au Seigneur!
Hélas ! ce temps fut court ! Dieu, du fond de l'abîme,
Fit souffler dans les airs le mal qui nous décime ;
Nos voisins tour à tour succombaient à ses coups,
Et d'étage en étage il monta jusqu'à nous.
Respirant la première une fièvre brûlante,
Comme un tendre bourgeon qui gèle avant la plante,
Notre enfant entre nous mourut en un clin d'œil.
Je vendis sa croix d'or pour avoir un cercueil ;
Sa mère de ses mains lui mit sa robe blanche,
La para pour la mort comme pour un dimanche,
Et, la couvrant cent fois de baisers et de pleurs,
Jonchant ses beaux pieds joints des débris de nos fleurs,
De son dernier bijou lui fit le sacrifice,
Pour qu'avec les grands morts on lui fît un service ;
Moi-même, dépouillant mon unique trésor,
Arrachant de mon doigt, hélas ! mon anneau d'or,
J'achetai du gardien de la funèbre enceinte
La fosse de trois pieds creusée en terre sainte !...

» Le mal dans la maison une fois introduit,
Ma femme entre mes bras mourut la même nuit.
Sans or, sans médecin, sans prêtre, sans remède,
Je ne pus qu'appeler tous les saints à son aide,
Réchauffer ses pieds froids, de mon corps, dans mes bras,
La disputer longtemps, souffle à souffle, au trépas.
Souvent dans cette nuit de l'angoisse mortelle,
En me serrant la main : « Promets-moi, me dit-elle,
» Que tu ne laisseras jamais jeter mon corps
» Sans bière et sans tombeau dans le fossé des morts;
» Mais que tu feras faire un service à l'église,
» Pour que plus vite au ciel notre ange nous conduise,

» Et que plus près de Dieu, pour toi priant là-haut,
» Nous puissions à nous deux te rappeler plus tôt! »
Je lui promis, mon père; et sur cette promesse
Son âme s'en alla tout heureuse en caresse.
Hélas! je promettais! je croyais obtenir
Plus qu'en ces jours si durs je ne pouvais tenir.
Par la longue misère ou par la maladie
La charité publique était tout attiédie.
Je cherchai vainement parmi nos froids amis
De quoi faire accomplir ce que j'avais promis :
Des planches, un linceul et des clous pour la bière,
Une messe à son âme, un coin au cimetière!...

» Je revins morne et seul près du cierge m'asseoir,
Le regardant brûler d'un œil de désespoir.
Quand il fut consumé, dans un transport féroce,
Je lui fis un linceul de sa robe de noce;
J'arrachai, je clouai les planches de son lit;
Dans ce cercueil d'amour ma main l'ensevelit;
Puis, attendant cette heure où dans la matinée
Au service des morts la messe est destinée,
Et chargeant sur mon dos ce cher et sacré poids,
J'allai prendre mon rang, seul, au bout des convois.
Mais de tous les quartiers éloignés de la ville
Les tombereaux venaient s'encombrer à la file,
Hélas! et dans leur mort, comme de leur vivant,
Les plus riches, monsieur, passaient encor devant.
Repoussé le dernier, toujours de bière en bière,
Courbé sous mon fardeau, je me traînais derrière;
L'église était déjà remplie, et le cercueil,
Sans cortége et sans pleurs, fut repoussé du seuil!

» Deux jours entiers, monsieur, d'églises en églises,
Je tentai d'obtenir les prières promises,
Où de surprendre au moins, saintement importun,
La bénédiction que l'on donne en commun ;
Et deux jours, mendiant en vain la sépulture,
Dans la chambre sans lit, sans feu, sans nourriture,
Je rapportai plus lourd mon fardeau de douleur...
Enfin, Dieu me fit naître une pensée au cœur.
« Allons, dis-je en moi-même, à la montagne ! Un prêtre
» Là-haut par charité la recevra peut-être,
» Et, prenant en pitié ma misère et mon vœu,
» Lui bénira gratis sa terre au champ de Dieu. »

» Je repris sur mon dos ma charge raffermie,
Je sortis dans la nuit de la ville endormie,
Comme un voleur furtif tremblant au moindre bruit,
Par l'ange de ma femme à mon insu conduit ;
M'enfonçant au hasard dans la gorge inconnue,
Me guidant sur le son des cloches dans la nue,
Sous le poids de mon âme et de trois jours de mort
Pliant à chaque pas, succombant sous l'effort,
Me relevant un peu, me traînant sous la bière,
Les genoux et les mains déchirés par la pierre.
Enfin, sentant mon cœur me défaillir ici,
Et craignant qu'avant l'heure où l'air est éclairci
Le pied du voyageur nous heurtât dans sa marche,
J'ai tiré mon fardeau sous l'abri de cette arche.
Déjà mort, à vos soins mon regard s'est rouvert ;
La grâce du Seigneur à vous m'a découvert !... »

« O mon frère, lui dis-je, ô modèle de l'homme !
De quelque nom obscur que la terre vous nomme,
Oh ! quelle charité ne rougit devant vous !
Ah ! sous tant de fléaux qui s'acharnent sur nous,
Quand l'homme que l'on jette et traîne sur la claie
N'est plus qu'un vil fumier qu'un fossoyeur balaie,
A qui la terre même a fermé le tombeau,
Pour le cœur contristé qu'il est doux, qu'il est beau
De voir l'humanité, dans une classe obscure,
Par de semblables traits révéler sa nature,
Conserver à la mort tant de fidélité,
Ne voir dans le cercueil que l'immortalité !
Et combien on est fier, dans ce poids de misère,
D'être homme avec cet homme et de le nommer frère !
Ah ! venez avec moi, courage ! levez-vous !
L'ange de vos amours marchera devant nous.
A la terre de Dieu je porterai moi-même
Ce corps dont l'âme au ciel vous regarde et vous aime ;
Je creuserai sa fosse à l'ombre du Seigneur,
Je ferai pour ses os comme pour une sœur.
Mais, ô mon cher enfant, consolez-vous ! Son âme
N'a pas besoin là-haut que ma voix la réclame ;
Aux regards de Celui qu'un soupir satisfait,
Quelle prière vaut ce que vous avez fait ?
Quel office, ô mon fils, que cette nuit mortelle,
Cette route, ce sang, cette sueur pour elle !
Ah ! dans son saint trésor Dieu n'a jamais compté
De tribut qui vers lui plus suave ait monté !
Venez, nous n'avons plus qu'à la rendre à la terre.
La nuit baisse, et le jour... Cachons-lui ce mystère. »
Et prenant un côté du cercueil sous mon bras,
Le jeune homme prit l'autre, et, mesurant nos pas,

Par ces rudes sentiers lentement nous montâmes.
Nos membres fléchissants s'appuyaient sur nos âmes ;
Nos deux fronts inondaient le cercueil de sueur ;
Et le matin jetait sa première lueur,
Quand sur le seuil désert de l'église fermée
Je remis le mourant et sa dépouille aimée.
J'ornai secrètement l'autel, sans réveiller
Marthe, l'enfant de chœur, ni le vieux marguillier ;
Je célébrai du jour le solennel service ;
Des morts dans le Seigneur, seul, je chantai l'office,
Et la voix de l'époux, du seuil du saint enclos,
Aux psaumes de la mort répondait en sanglots.
Puis, creusant de mes mains la fosse au cimetière,
J'y descendis, pleurant, pour y coucher la bière.
Le sable y fut jeté par moi, puis par l'époux ;
Ma pelle referma la couche en peu de coups,
Et la croix surmonta le lit du dernier somme.
Quand tout fut accompli, l'infortuné jeune homme,
Triomphant dans ses pleurs, s'assit sur le tombeau,
Comme un homme arrivé s'assoit sur son fardeau.

Il est mort ce matin. Oh ! paix à sa pauvre âme !
Je rouvrirai pour lui la couche où dort sa femme.

. . . .
. . . .

XXXIV

ENCORE UN HYMNE

    Encore un hymne, ô ma lyre !
    Un hymne pour le Seigneur,
    Un hymne dans mon délire,
    Un hymne dans mon bonheur !

Oh ! qui me prêtera le regard de l'aurore,
Les ailes de l'oiseau, le vol de l'aquilon ?
Pourquoi ? — Pour te trouver, toi que mon âme adore,
Toi qui n'as ni séjour, ni symbole, ni nom !

Qu'ils sont heureux les sons qui partent de ma lyre !
D'un vol mélodieux ils s'élèvent vers toi ;
Ils remontent d'eux-même au Dieu qui les inspire :
    Et moi, Seigneur, et moi,
Je reste où je languis, je reste où je soupire !

    Encore un hymne, ô ma lyre !
    Un hymne pour le Seigneur,
    Un hymne dans mon délire,
    Un hymne dans mon bonheur !

Esprits qui balancez les astres sur nos têtes,
Vous qui vivez de feu comme nous vivons d'air ;
Anges qui respirez le tonnerre et l'éclair,
Soleil, foudres, rayons, cieux étoilés, tempêtes,
    Parlez : est-il où vous êtes ?
    Dans tes abîmes, ô mer ?

J'étais né pour briller où vous brillez vous-même,
Pour respirer là-haut ce que vous respirez,
Pour m'enivrer du jour dont vous vous enivrez,
Pour voir et réfléchir cette beauté suprême
Dont les yeux ici-bas sont en vain altérés !
Mon âme a l'œil de l'aigle, et mes fortes pensées,
Au but de leurs désirs volant comme des traits,
Chaque fois que mon sein respire, plus pressées
  Que les colombes des forêts,
Montent, montent toujours, par d'autres remplacées,
  Et ne redescendent jamais.

Les reverrai-je un jour ? Mon Dieu, reviendront-elles,
Ainsi que le ramier qui traversa les flots,
M'apporter un rameau des palmes immortelles,
Et me dire : « Là-haut est un nid pour nos ailes,
  Une terre, un lieu de repos ? »

  Encore un hymne, ô ma lyre !
  Un hymne pour le Seigneur,
  Un hymne dans mon délire,
  Un hymne dans mon bonheur !

Mon âme est un torrent qui descend des montagnes,
Et qui roule sans fin ses vagues sans repos
A travers les vallons, les plaines, les campagnes,
  Où leur pente entraîne ses flots ;
Il fuit quand le jour meurt, il fuit quand naît l'aurore ;
La nuit revient, il fuit ; le jour, il fuit encore :
Rien ne peut ni tarir ni suspendre son cours,
Jusqu'à ce qu'à la mer, où ses ondes sont nées,
Il rende en murmurant ses vagues déchaînées,
Et se repose enfin en elle et pour toujours !

Mon âme est un vent de l'aurore
Qui s'élève avec le matin,
Qui brûle, renverse, dévore,
Tout ce qu'il trouve en son chemin.
Rien n'entrave son vol rapide,
Il fait trembler la tour comme la feuille aride
Et le mât du vaisseau comme un roseau pliant;
Il roule en plis de feu le tonnerre et la nue,
Et, quand il a passé, laisse la terre nue
Comme la main du mendiant;
Jusqu'à ce qu'épuisé de sa fuite éternelle,
Et comme un doux ramier de sa course lassé,
Il vienne fermer son aile
Dans la main qui l'a lancé.

Toi qui donnes sa pente au torrent des collines,
Toi qui prêtes son aile au vent pour s'exhaler,
Où donc es-tu, Seigneur? Parle, où faut-il aller?
N'est-il pas des ailes divines,
Pour que mon âme aussi puisse enfin s'envoler?

Encore un hymne, ô ma lyre !
Un hymne pour le Seigneur,
Un hymne dans mon délire,
Un hymne dans mon bonheur !

Je voudrais être la poussière
Que le vent dérobe au sillon,
La feuille que l'automne enlève en tourbillon,
Le premier reflet de l'aurore,
L'atome flottant de lumière
Qui remonte le soir aux bords de l'horizon,

Le son lointain qui s'évapore,
L'éclair, le regard, le rayon,
L'étoile qui se perd dans ce ciel diaphane,
Ou l'aigle qui va le braver,
Tout ce qui monte enfin, ou vole, ou flotte, ou plane,
Pour me perdre, Seigneur, me perdre, ou te trouver !

Encore un hymne, ô ma lyre !
Encore un hymne au Seigneur,
Un hymne dans mon délire,
Un hymne dans mon bonheur !

XXXV

SOUVENIR D'ENFANCE

OU LA VIE CACHÉE

O champs de Bienassis, maison, jardin, prairies,
Treilles qui fléchissaient sous leurs grappes mûries,
Ormes qui sur le seuil étendaient leurs rameaux,
Et d'où sortait le soir le chœur des passereaux,
Vergers où de l'été la teinte monotone
Pâlissait jour à jour aux rayons de l'automne,
Où la feuille, en tombant sous les pleurs du matin,
Dérobait à nos pieds le sentier incertain ;
Pas égarés au loin dans de frais paysages,
Heures tièdes du jour coulant sous des ombrages ;
Sommeils rafraîchissants goûtés au bord des eaux,
Songes qui descendaient, qui remontaient si beaux ;
Pressentiments divins, intimes confidences,
Lectures, rêverie, entretiens, doux silences ;

Table riche des dons que l'automne étalait,
Où les fruits du jardin, où le miel et le lait,
Assaisonnés des soins d'une mère attentive,
De leur luxe champêtre enchantaient le convive ;
Silencieux réduit où des rayons de bois,
Par l'âge vermoulus et pliant sous le poids,
Nous offraient ces trésors de l'humaine sagesse
Où nos yeux altérés puisaient jusqu'à l'ivresse,
Où la lampe avec nous veillant jusqu'au matin
Nous guidait au hasard, comme un phare incertain,
De volume en volume; hélas! croyant encore
Que le livre savait ce que l'auteur ignore,
Et que la vérité, trésor mystérieux,
Pouvait être cherchée ailleurs que dans les cieux !
Scènes de notre enfance après quinze ans rêvées,
Au plus pur de mon cœur impressions gravées,
Lieux, noms, demeure, et vous, aimables habitants,
Je vous revois encore après un si long temps,
Aussi présents à l'œil que le sont des rivages
A l'onde dont le cours reflète les images,
Aussi frais, aussi doux que si jamais les pleurs
N'en avaient dans mes yeux altéré les couleurs;
Et vos riants tableaux sont à mon âme aimante
Ce qu'au navigateur battu par la tourmente
Sont les songes dorés qui lui montrent de loin
Le rivage chéri de son bonheur témoin,
L'ondoyante moisson que sa main a semée,
Et du toit paternel le seuil ou la fumée.

Tu n'as donc pas quitté ce port de ton bonheur ?
Ce soleil du matin qui réjouit ton cœur,
Comme un arbre au rocher fixé par sa racine,

Te retrouve toujours sur la même colline.
Nul adieu n'attrista le seuil de ta maison ;
Jamais, jamais tes yeux n'ont changé d'horizon ;
L'arbre de ton aïeul, l'arbre qui t'a vu naître,
N'a jamais reverdi sans ombrager son maître.
Jamais le voyageur, en voyant du chemin
Ta demeure fermée aux rayons du matin,
Trouvant l'herbe grandie ou le sentier plus rude,
N'a demandé, surpris de cette solitude,
Sur quels bords étrangers, dans quels lointains séjours,
Le vent de l'inconstance avait poussé tes jours.
Ton verger ne voit pas une main mercenaire
Cueillir ces fruits greffés par ta main tutélaire,
Et ton ruisseau, content de son lit de gazon,
Comme un hôte fidèle à la même maison,
Vient murmurer toujours au seuil de ta demeure,
Et de la même voix t'endort à la même heure.
Ainsi tu vieilliras sans que tes jours pareils
Soient comptés autrement que par leurs doux soleils,
Sans que les souvenirs de ton heureuse histoire
Laissent d'autres sillons gravés dans ta mémoire
Que le cercle inégal des diverses saisons,
Des printemps plus tardifs, de plus riches moissons,
Tes pampres moins chargés, tes ruches plus fécondes,
Ou ta source sevrant ton jardin de ses ondes ;
Sans avoir dissipé des jours trop tôt comptés,
Dans la poudre, ou le bruit, ou l'ombre des cités,
Et sans avoir semé, de distance en distance,
A tous les vents du ciel ta stérile espérance !

Ah ! rends grâce à ton sort de ce flot lent et doux
Qui te porte en silence où nous arrivons tous,

Et, comme ton destin si borné dans sa course,
Dans son lit ignoré s'endort près de sa source,
Ne porte point envie à ceux qu'un autre vent
Sur les routes du monde a conduits plus avant,
Même à ces noms frappés d'un peu de renommée !
Du feu qu'elle répand toute âme est consumée.
Notre vie est semblable au fleuve de cristal
Qui sort, humble et sans nom, de son rocher natal :
Tant qu'au fond du bassin que lui fit la nature
Il dort, comme au berceau, dans un lit sans murmure,
Toutes les fleurs des champs parfument son sentier,
Et l'azur d'un beau ciel y descend tout entier ;
Mais, à peine échappés des bras de ses collines,
Ses flots s'épanchent-ils sur les plaines voisines,
Que, du limon des eaux dont il enfle son lit,
Son onde, en grossissant, se corrompt et pâlit ;
L'ombre qui les couvrait s'écarte de ses rives,
Le rocher nu contient ses vagues fugitives,.
Il dédaigne de suivre, en se creusant son cours,
Des vallons paternels les gracieux détours ;
Mais, fier de s'engouffrer sous des arches profondes,
Il y reçoit un nom bruyant comme ses ondes ;
Il emporte, en fuyant à bonds précipités,
Les barques, les rumeurs, les fanges des cités ;
Chaque ruisseau qui l'enfle est un flot qui l'altère,
Jusqu'au terme où, grossi de tant d'onde adultère,
Il va, grand, mais troublé, déposant un vain nom,
Rouler au sein des mers sa gloire et son limon.
Heureuse au fond des bois la source pauvre et pure !
Heureux le sort caché dans une vie obscure !

Nous parlions autrement à l'âge où l'avenir
Dans nos seins palpitants ne pouvait contenir.

Et débordait pour nous de la coupe de vie,
Comme un jus écumant d'une urne trop remplie.
A cet âge enivré la gloire est à nos yeux
Ce qu'à l'œil des enfants qui regardent les cieux
Est l'astre de la nuit, dont l'orbe, près d'éclore,
Au sommet qu'il franchit semble toucher encore.
L'un d'eux, quittant ses jeux pour la douce splendeur,
Croit que pour s'emparer du disque tentateur,
Et pour se revêtir de la lueur divine,
Il n'a qu'à faire un pas sur la sombre colline :
Il s'avance, l'œil fixe et les bras entr'ouverts ;
Et le globe de feu suspendu dans les airs,
Comme pour prolonger sa crédule espérance,
A hauteur de la main un moment se balance.
Il monte ; mais déjà dans l'azur étoilé,
Quand il touche au sommet, l'astre s'est envolé,
Et, fuyant dans le ciel de nuage en nuage,
Est aussi loin déjà des monts que de la plage.
Confus de son erreur, il revient sur ses pas ;
Et les fils du hameau qui sont restés en bas,
Occupés à choisir des fleurs au sein des plaines,
Ou des cailloux polis dans le lit des fontaines,
Sans songer à cet astre objet de ses regrets,
Au fond de la vallée en étaient aussi près !...

Mais quand ce feu céleste éblouirait ton âme,
Quand tu le poursuivrais sur un désir de flamme,
Dans ces vieux jours du monde avares de vertu,
Cette gloire rêvée, où la trouverais-tu ?
Crois-tu que ce reflet de la splendeur suprême,
Cette immortalité qui sort de la mort même,
Soit ce mot profané qui passe tour à tour

Du grand homme d'hier au grand homme du jour,
Monnaie au coin banal qu'un jour frappe, un jour use,
Que la vanité paie à l'orgueil qu'elle abuse ?
Crois-tu que chaque siècle en ait reçu d'en haut
Toujours la même soif avec le même lot ;
Et qu'enfin l'avenir, acceptant l'héritage,
Ratifie à jamais ce risible partage
Que les sots, éblouis des splendeurs de leur temps,
En font de siècle en siècle entre tous leurs enfants?

Non ! tu ris avec moi de l'erreur où nous sommes ;
Tu sais de quel linceul le temps couvre les hommes ;
Tu sais que tôt ou tard, dans l'ombre de l'oubli,
Siècles, peuples, héros, tout dort enseveli ;
Qu'à cette épaisse nuit qui descend d'âge en âge
A peine un nom par siècle obscurément surnage ;
Que le reste, éclairé d'un moins haut souvenir,
Disparaît par étage à l'œil de l'avenir,
Comme, en quittant la rive, un navire à la voile,
A l'heure où de la nuit sort la première étoile,
Voit à ses yeux déçus disparaître d'abord
L'écume du rivage et le sable du port,
Puis les tours de la ville où l'airain se balance,
Puis les phares éteints qu'abaisse la distance,
Puis les premiers coteaux sur la plaine ondoyants,
Puis les monts escarpés sous l'horizon fuyants.
Bientôt il ne voit plus au loin qu'une ou deux cimes,
Dont l'éternel hiver blanchit les pics sublimes,
Refléter au-dessus de cette obscurité
Du jour qui va les fuir la dernière clarté,
Jusqu'à ce qu'abaissés de leur niveau céleste,
Ces sommets décroissants plongent comme le reste,

Et qu'étendue enfin sur la terre et les mers,
L'universelle nuit pèse sur l'univers.
De la gloire et du temps voilà l'image sombre.
Éloigne-toi d'un siècle, et tout rentre dans l'ombre ;
Laisse pour fuir l'oubli tant d'insensés courir !
Que sert un jour de plus à ce qui doit mourir ?

Tu voudrais cependant que sur un cénotaphe
La gloire t'inscrivît ta ligne d'épitaphe,
Et promît à ton nom, de temps en temps cité,
Ses heures de mémoire et d'immortalité,
Jusqu'à ce qu'un passant, brisant ton humble pierre,
Dispersât sous ses pieds ta gloire et ta poussière,
Et qu'un jour, en sifflant, le berger du vallon
Ne sût plus rassembler les lettres de ton nom.
Ah ! qu'à ces vains regrets ton âme soit fermée !
Le funèbre baiser dont une bouche aimée
Scelle au dernier adieu les lèvres du mourant,
Notre nom qu'un ami rappelle en soupirant,
Les larmes sans témoin dont un œil nous arrose,
Voilà notre épitaphe et notre apothéose
A nous à qui le sort en naissant n'a promis
D'autre immortalité qu'aux cœurs de nos amis !...
Que le sort nous la donne à notre heure suprême !
Le souvenir n'est doux que dans un cœur qui t'aime !

XXXVI

LES AMIS DISPARUS

Ainsi nous mourons feuille à feuille,
Nos rameaux jonchent le sentier ;
Et, quand vient la main qui nous cueille,
Qui de nous survit tout entier?

Ces contemporains de nos âmes,
Ces mains qu'enchaînait notre main,
Ces frères, ces amis, ces femmes,
Nous abandonnent en chemin.

A ce chœur joyeux de la route
Qui commençait à tant de voix,
Chaque fois que l'oreille écoute,
Une voix manque chaque fois.

Chaque jour l'hymne recommence,
Plus faible et plus triste à noter :
Hélas! c'est qu'à chaque distance
Un cœur cesse de palpiter.

Ainsi dans la forêt voisine,
Où nous allions, près de l'enclos,
Des cris d'une voix enfantine
Éveiller des milliers d'échos,

Si l'homme, jaloux de leur cime,
Met la cognée au pied des troncs,
A chaque chêne qu'il décime
Une voix tombe avec leurs fronts.

Il en reste un ou deux encore :
Nous retournons au bord du bois
Savoir si le débris sonore
Multiplie encor notre voix.

L'écho, décimé d'arbre en arbre,
Nous jette à peine un dernier cri,
Le bûcheron au cœur de marbre
L'abat dans son dernier abri.

Adieu les voix de notre enfance,
Adieu l'ombre de nos beaux jours !
La vie est un morne silence
Où le cœur appelle toujours !

XXXVII

LE CHIEN DU SOLITAIRE

RETOUR AU FOYER DÉSERT

Enfin, le soir, je vis noircir, entre les cimes
Des arbres, mes murs gris au revers des abîmes.
Les villageois, épars sur les meules de foin,
Du geste et du regard me saluaient de loin.

L'œil fixé sur mon toit sans bruit et sans fumée,
J'approchais, le cœur gros, de ma porte fermée.
Là, quand mon pied poudreux heurta mon pauvre seuil,
Un tendre hurlement fut mon unique accueil :
Hélas ! c'était mon chien, couché sous ma fenêtre,
Qu'avait maigri trois mois le souci de son maître.

. . . .
Le chien seul en jappant s'élança sur mes pas,
Bondit autour de moi de joie et de tendresse,
Se roula sur mes pieds enchaînés de caresse,
Léchant mes mains, mordant mon habit, mon soulier,
Sautant du seuil au lit, de la chaise au foyer,
Fêtant toute la chambre, et semblant aux murs même
Par ses bonds et ses cris annoncer ce qu'il aime ;
Puis, sur mon sac poudreux à mes pieds étendu,
Me couva d'un regard dans le mien suspendu.
Me pardonnerez-vous, vous qui n'avez sur terre
Pas même cet ami du pauvre solitaire ?
Mais ce regard si doux, si triste de mon chien,
Fit monter de mon cœur des larmes dans le mien.
J'entourai de mes bras son cou gonflé de joie ;
Des gouttes de mes yeux roulèrent sur sa soie :
« O pauvre et seul ami, viens, lui dis-je, aimons-nous !
Partout où le ciel mit deux cœurs, s'aimer est doux ! »

Hélas ! rentrer tout seul dans sa maison déserte,
Sans voir à votre approche une fenêtre ouverte,
Sans qu'en apercevant son toit à l'horizon
On dise : « Mon retour réjouit ma maison ;
Une sœur, des amis, une femme, une mère,
Comptent de loin les pas qui me restent à faire ;

Et dans quelques moments, émus de mon retour,
Ces murs s'animeront pour m'abriter d'amour! »
Rentrer seul, dans la cour se glisser en silence,
Sans qu'au-devant du vôtre un pas connu s'avance,
Sans que de tant d'échos qui parlaient autrefois
Un seul, un seul au moins tressaille à votre voix ;
Sans que le sentiment amer qui vous inonde
Déborde hors de vous dans un seul être au monde,
Excepté dans le cœur du vieux chien du foyer,
Que le bruit de vos pas errants fait aboyer;
N'avoir que ce seul cœur à l'unisson du vôtre,
Où ce que vous sentez se reflète en un autre ;
Que cet œil qui vous voit partir ou demeurer,
Qui, sans savoir vos pleurs, vous regarde pleurer,
Que cet œil sur la terre où votre œil se repose,
A qui, si vous manquiez, manquerait quelque chose,
Ah! c'est affreux peut-être, eh bien! c'est encor doux!

O mon chien! Dieu seul sait la distance entre nous ;
Seul il sait quel degré de l'échelle de l'être
Sépare ton instinct de l'âme de ton maître;
Mais seul il sait aussi par quel secret rapport
Tu vis de son regard et tu meurs de sa mort,
Et par quelle pitié pour nos cœurs il te donne
Pour aimer encor ceux que n'aime plus personne.
Aussi, pauvre animal, quoique à terre couché,
Jamais d'un sot dédain mon pied ne t'a touché;
Jamais, d'un mot brutal contristant ta tendresse,
Mon cœur n'a repoussé ta touchante caresse.
Mais toujours, ah! toujours en toi j'ai respecté
De ton maître et du mien l'ineffable bonté,
Comme on doit respecter sa moindre créature,

Frère à quelque degré qu'ait voulu la nature.
Ah ! mon pauvre Fido, quand, tes yeux sur les miens,
Le silence comprend nos muets entretiens ;
Quand, au bord de mon lit épiant si je veille,
Un seul souffle inégal de mon sein te réveille ;
Que, lisant ma tristesse en mes yeux obscurcis,
Dans les plis de mon front tu cherches mes soucis,
Et que, pour la distraire attirant ma pensée,
Tu mords plus tendrement ma main vers toi baissée ;
Que, comme un clair miroir, ma joie ou mon chagrin
Rend ton œil fraternel inquiet ou serein,
Que l'âme en toi se lève avec tant d'évidence,
Et que l'amour dépasse encor l'intelligence ;
Non, tu n'es pas du cœur la vaine illusion,
Du sentiment humain une dérision,
Un corps organisé qu'anime une caresse,
Automate trompeur de vie et de tendresse !
Non ! quand ce sentiment s'éteindra dans tes yeux,
Il se ranimera dans je ne sais quels cieux.
De ce qui s'aima tant la tendre sympathie,
Homme ou plante, jamais ne meurt anéantie :
Dieu la brise un instant, mais pour la réunir ;
Son sein est assez grand pour nous tous contenir !
Oui, nous nous aimerons comme nous nous aimâmes.
Qu'importe à ses regards des instincts ou des âmes !
Partout où l'amitié consacre un cœur aimant,
Partout où la nature allume un sentiment,
Dieu n'éteindra pas plus sa divine étincelle,
Dans l'étoile des nuits dont la splendeur ruisselle
Que dans l'humble regard de ce tendre épagneul
Qui conduisait l'aveugle et meurt sur son cercueil ! ! !

Oh! viens, dernier ami que mon pas réjouisse,
Ne crains pas que de toi devant Dieu je rougisse;
Lèche mes yeux mouillés, mets ton cœur près du mien,
Et, seuls à nous aimer, aimons-nous, pauvre chien !

XXXVIII

AUX CHRÉTIENS

DANS LES TEMPS D'ÉPREUVE

« Pourquoi vous troublez-vous, enfants de l'Évangile?
A quoi sert dans les cieux ton tonnerre inutile,
Disent-ils au Seigneur, quand ton Christ insulté,
Comme au jour où sa mort fit trembler les collines,
Un roseau dans les mains et le front ceint d'épines,
    Au siècle est présenté ?

» Ainsi qu'un astre éteint sur un horizon vide,
La foi, de nos aïeux la lumière et le guide,
De ce monde attiédi retire ses rayons;
L'obscurité, le doute, ont brisé sa boussole,
Et laissent diverger au vent de la parole
    L'encens des nations.

» Et tu dors? et les mains qui portent ta justice,
Les chefs des nations, les rois du sacrifice,
N'ont pas saisi le glaive et purgé le saint lieu?
Levons-nous, et lançons le dernier anathème;
Prenons les droits du ciel, et chargeons-nous nous-même
    Des justices de Dieu ! »

Arrêtez, insensés, et rentrez dans votre âme!
Ce zèle dévorant dont mon nom vous enflamme
Vient-il, dit le Seigneur, ou de vous ou de moi?
Répondez. Est-ce moi que la vengeance honore?
Ou n'est-ce pas plutôt l'homme que l'homme abhorre
      Sous cette ombre de foi?

Et qui vous a chargés du soin de sa vengeance?
A-t-il besoin de vous pour prendre sa défense?
La foudre, l'ouragan, la mort, sont-ils à nous?
Ne peut-il dans sa main prendre et juger la terre,
Ou sous son pied jaloux la briser comme un verre
      Avec l'impie et vous?

Quoi! nous a-t-il promis un éternel empire,
Nous disciples d'un Dieu qui sur la croix expire,
Nous à qui notre Christ n'a légué que son nom,
Son nom et le mépris, son nom et les injures,
L'indigence et l'exil, la mort et les tortures,
      Et surtout le pardon?

Serions-nous donc pareils au peuple déicide,
Qui, dans l'aveuglement de son orgueil stupide,
Du sang de son Sauveur teignit Jérusalem,
Prit l'empire du ciel pour l'empire du monde,
Et dit en blasphémant : « Que ton sang nous inonde,
      O roi de Bethléem! »

Ah! nous n'avons que trop affecté cet empire,
Depuis qu'humbles proscrits échappés du martyre,
Nous avons des pouvoirs confondu tous les droits,
Entouré de faisceaux les chefs de la prière,
Mis la main sur l'épée, et jeté la poussière
      Sur la tête des rois!

Ah! nous n'avons que trop aux maîtres de la terre
Emprunté, pour régner, leur puissance adultère,
Et, dans la cause enfin du Dieu saint et jaloux,
Mêlé la voix divine avec la voix humaine,
Jusqu'à ce que Juda confondît dans sa haine
    La tyrannie et nous!

Voilà de tous nos maux la fatale origine;
C'est de là qu'ont coulé la honte et la ruine,
La haine, le scandale, et les dissensions;
C'est de là que l'enfer a vomi l'hérésie,
Et que du corps divin tant de membres sans vie
    Jonchent les nations.

« Mais du Dieu trois fois saint notre injure est l'injure;
Faut-il l'abandonner au mépris du parjure,
Aux langues du sceptique ou du blasphémateur?
Faut-il, lâches enfants d'un père qu'on offense,
Tout souffrir sans réponse et tout voir sans vengeance? »
    Et que fait le Seigneur?

Sa terre les nourrit, son soleil les éclaire,
Sa grâce les attend, sa bonté les tolère;
Ils ont part à ses dons qu'il nous daigne épancher;
Pour eux le ciel répand sa rosée et son ombre,
Et de leurs jours mortels il leur compte le nombre
    Sans en rien retrancher.

Il prête sa parole à la voix qui le nie;
Il compatit d'en haut à l'erreur qui le prie;
A défaut des clartés, il nous compte un désir.

La voix qui crie Allah! la voix qui dit Mon père!
Lui portent l'encens pur et l'encens adultère :
    A lui seul de choisir.

Ah! pour la vérité n'affectons pas de craindre
Le souffle d'un enfant, là-haut, peut-il éteindre
L'astre dont l'Éternel a mesuré les pas?
Elle était avant nous, elle survit aux âges;
Elle n'est point à l'homme, et ses propres nuages
    Ne l'obscurciront pas.

Elle est! elle est à Dieu qui la dispense au monde,
Qui prodigue la grâce où la misère abonde;
Rendons grâce à lui seul du rayon qui nous luit,
Sans nous épouvanter de nos heures funèbres,
Sans nous enfler d'orgueil, et sans crier ténèbres
    Aux enfants de la nuit.

Esprits dégénérés! ces jours sont une épreuve,
Non pour la vérité toujours vivante et neuve,
Mais pour nous que la peine invite au repentir.
Témoignons pour le Christ, mais surtout par nos vies,
Notre moindre vertu confondra plus d'impies
    Que le sang d'un martyr.

Chrétiens, souvenons-nous que le chrétien suprême
N'a légué qu'un seul mot pour prix d'un long blasphème
A cette arche vivante où dorment ses leçons;
Et que l'homme, outrageant ce que notre âme adore,
Dans notre cœur brisé ne doit trouver encore
    Que ce seul mot : Aimons!

XXXIX

MIGRATION D'UNE TRIBU DE PASTEURS

FRAGMENT

Et les pasteurs, chantant le signal des départs,
Rassemblaient les troupeaux dans les herbes épars :
C'était la chèvre errante aux flancs des précipices,
L'onagre patient, les fécondes génisses,
La brebis dont la laine amollit le repos,
Le chien qui veille l'homme et commande aux troupeaux,
L'éléphant presque humain, les plaintives chamelles
Qui laissent les enfants épuiser leurs mamelles ;
Et les oiseaux privés, dont le chant entendu
Avertit l'homme à jeun du fruit qu'ils ont pondu,
Attirés par l'instinct des amitiés humaines,
Accompagnaient ses pas, sur les monts, dans les plaines,
Comme si le désir de la société
Eût compensé pour eux même la liberté !
C'étaient des amitiés lointaines, inconnues :
Le cygne, en escadron, suivait du haut des nues ;
L'hirondelle, quittant les rebords du rocher,
Venait, de halte en halte, aux tentes se percher.
Ils retrouvaient près d'eux, au terme des voyages,
Les mêmes voix dans l'air et les mêmes plumages :
Tant ces doux animaux, pleins de l'instinct d'amour,
Se souvenaient encor des lois du premier jour.

Trouvant partout des fruits et partout leurs demeures,
Chaque jour, en chantant, ils marchaient quelques heures,

Confiant, pour la route, au dos des éléphants,
Les images des dieux, les femmes, les enfants;
Et, chargeant des fardeaux les chameaux et les ânes,
Ils serpentaient, à l'ombre, en longues caravanes;
Et les gorges de l'onde et les dômes des bois,
De leur silence émus, tressaillaient à leurs voix.

XL

A NÉMÉSIS[1]

Non, sous quelque drapeau que le barde se range,
La muse sert sa gloire et non ses passions!
Non, je n'ai pas coupé les ailes de cet ange
Pour l'atteler hurlant au char des factions!
Non, je n'ai point couvert du masque populaire
Son front resplendissant des feux du saint parvis,
Ni pour fouetter et mordre, irritant sa colère,
  Changer ma muse en Némésis!

D'implacables serpents je ne l'ai point coiffée;
Je ne l'ai pas menée une verge à la main,
Injuriant la gloire avec le luth d'Orphée,
Jeter des noms en proie au vulgaire inhumain;

---

[1]. Le numéro de la *Némésis* du 3 juillet 1831 contient une satire auss
injuste qu'amère contre M. de Lamartine. On lui reproche l'usage le plus
légitime des droits du citoyen, l'honorable candidature qu'il a acceptée
dans le Nord et dans le Var; on semble lui interdire de prononcer le non
d'une liberté qu'il a aimée et chantée avant ses accusateurs. On lui reproche aussi d'avoir reçu de ses libraires le prix de ses ouvrages. Poëte
attaqué par un poëte, il a cru devoir lui répondre dans sa langue, et il a
écrit cette ode dans la chaleur de la lutte, le jour même de l'élection.
      (*Note de l'auteur.*)

Prostituant ses vers aux clameurs de la rue,
Je n'ai pas arraché la prêtresse au saint lieu ;
A ses profanateurs je ne l'ai pas vendue,
    Comme Sion vendit son Dieu !

Non, non : je l'ai conduite au fond des solitudes,
Comme un amant jaloux d'une chaste beauté ;
J'ai gardé ses beaux pieds des atteintes trop rudes
Dont la terre eût blessé leur tendre nudité ;
J'ai couronné son front d'étoiles immortelles,
J'ai parfumé mon cœur pour lui faire un séjour,
Et je n'ai rien laissé s'abriter sous ses ailes
    Que la prière et que l'amour !

L'or pur que sous mes pas semait sa main prospère
N'a point payé la vigne ou le champ du potier ;
Il n'a point engraissé les sillons de mon père
Ni les coffres jaloux d'un avide héritier :
Elle sait où du ciel ce divin denier tombe.
Tu peux sans le ternir me reprocher cet or !
D'autres bouches un jour te diront sur ma tombe
    Où fut enfoui mon trésor.

Je n'ai rien demandé que des chants à sa lyre,
Des soupirs pour une ombre et des hymnes pour Dieu !
Puis, quand l'âge est venu m'enlever son délire,
J'ai dit à cette autre âme un trop précoce adieu :
« Quitte un cœur que le poids de la patrie accable !
Fuis nos villes de boue et notre âge de bruit !
Quand l'eau pure des lacs se mêle avec le sable,
    Le cygne remonte et s'enfuit. »

Honte à qui peut chanter pendant que Rome brûle,
S'il n'a l'âme et la lyre et les yeux de Néron,
Pendant que l'incendie en fleuve ardent circule
Des temples au palais, du Cirque au Panthéon!
Honte à qui peut chanter pendant que chaque femme
Sur le front de ses fils voit la mort ondoyer,
Que chaque citoyen regarde si la flamme
    Dévore déjà son foyer!

Honte à qui peut chanter pendant que les sicaires
En secouant leur torche aiguisent leurs poignards,
Jettent les dieux proscrits aux rires populaires,
Ou traînent aux égouts les bustes des Césars!
C'est l'heure de combattre avec l'arme qui reste ;
C'est l'heure de monter au rostre ensanglanté,
Et de défendre au moins de la voix et du geste
    Rome, les dieux, la liberté!

La liberté! ce mot dans ma bouche t'outrage?
Tu crois qu'un sang d'ilote est assez pur pour moi,
Et que Dieu de ses dons fit un digne partage,
L'esclavage pour nous, la liberté pour toi?
Tu crois que de Séjan le dédaigneux sourire
Est un prix assez noble aux cœurs tels que le mien,
Que le ciel m'a jeté la bassesse et la lyre,
    A toi l'âme du citoyen?

Tu crois que ce saint nom qui fait vibrer la terre,
Cet éternel soupir des généreux mortels
Entre Caton et toi doit rester un mystère,
Que la liberté monte à ses premiers autels?

Tu crois qu'elle rougit du chrétien qui l'épouse,
Et que nous adorons notre honte et nos fers
Si nous n'adorons pas ta liberté jalouse
    Sur l'autel d'airain que tu sers?

Détrompe-toi, poëte, et permets-nous d'être hommes!
Nos mères nous ont faits tous du même limon :
La terre qui vous porte est la terre où nous sommes,
Les fibres de nos cœurs vibrent au même son!
Patrie et liberté, gloire, vertu, courage,
  Quel pacte de ces biens m'a donc déshérité?
Quel jour ai-je vendu ma part de l'héritage,
    Ésaü de la liberté?

Va, n'attends pas de moi que je la sacrifie
Ni devant vos dédains ni devant le trépas!
Ton Dieu n'est pas le mien, et je m'en glorifie.
J'en adore un plus grand qui ne te maudit pas!
La liberté que j'aime est née avec notre âme,
Le jour où le plus juste a bravé le plus fort,
Le jour où Jéhovah dit au fils de la femme :
    « Choisis, des fers ou de la mort! »

Que ces tyrans divers, dont la vertu se joue,
Selon l'heure et les lieux s'appellent peuple ou roi,
Déshonorent la pourpre ou salissent la boue,
La honte qui les flatte est la même pour moi!
Qu'importe sous quel pied se courbe un front d'esclave
Le joug d'or ou de fer n'en est pas moins honteux.
Des rois tu l'affrontas, des tribuns je le brave :
    Qui fut moins libre de nous deux?

Fais-nous ton Dieu plus beau, si tu veux qu'on l'adore ;
Ouvre un plus large seuil à ses cultes divers !
Repousse du parvis, que leur pied déshonore,
La vengeance et l'injure aux portes des enfers !
Écarte ces faux dieux de l'autel populaire,
Pour que le suppliant n'y soit pas insulté !
Sois la lyre vivante et non pas le cerbère
    Du temple de la Liberté !

Un jour, de nobles pleurs laveront ce délire,
Et ta main, étouffant le son qu'elle a tiré,
Plus juste arrachera des cordes de ta lyre
La corde injurieuse où la haine a vibré !
Mais moi j'aurai vidé la coupe d'amertume
Sans que ma lèvre même en garde un souvenir ;
Car mon âme est un feu qui brûle et qui parfume
    Ce qu'on jette pour la ternir.

XLI

L'ÉGLISE DU VILLAGE

Je sais sur la colline
Une blanche maison ;
Un rocher la domine,
Un buisson d'aubépine
Est tout son horizon.

Là jamais ne s'élève
Bruit qui fasse penser ;

Jusqu'à ce qu'il s'achève
On peut mener son rêve
Et le recommencer.

Le clocher du village
Surmonte ce séjour;
Sa voix, comme un hommage,
Monte au premier nuage
Que colore le jour.

Signal de la prière,
Elle part du saint lieu,
Appelant la première
L'enfant de la chaumière
A la maison de Dieu.

Aux sons que l'écho roule
Le long des églantiers,
Vous voyez l'humble foule
Qui serpente et s'écoule
Dans les pieux sentiers :

C'est la pauvre orpheline,
Pour qui le jour est court,
Qui déroule et termine,
Pendant qu'elle chemine,
Son fuseau déjà lourd;

C'est l'aveugle que guide
Le mur accoutumé,
Le mendiant timide
Et dont la main dévide
Son rosaire enfumé

C'est l'enfant qui caresse
En passant chaque fleur,
Le vieillard qui se presse :
L'enfance et la vieillesse
Sont amis du Seigneur !

La fenêtre est tournée
Vers le champ des tombeaux,
Où l'herbe moutonnée
Couvre, après la journée,
Le sommeil des hameaux.

Plus d'une fleur nuance
Ce voile du sommeil ;
Là tout fut innocence,
Là tout dit : « Espérance ! »
Tout parle de réveil.

Mon œil, quand il y tombe,
Voit l'amoureux oiseau
Voler de tombe en tombe,
Ainsi que la colombe
Qui porta le rameau ;

Ou quelque pauvre veuve,
Aux longs rayons du soir,
Sur une pierre neuve,
Signe de son épreuve,
S'agenouiller, s'asseoir,

Et, l'espoir sur la bouche,
Contempler du tombeau,

Sous les cyprès qu'il touche,
Le soleil qui se couche
Pour se lever plus beau.

Paix et mélancolie
Veillent là près des morts,
Et l'âme recueillie
Des vagues de la vie
Croit y toucher les bords !

XLII

LA CLOCHE DU VILLAGE

Oh ! quand cette humble cloche à la lente volée
Épand comme un soupir sa voix sur la vallée,
Voix qu'arrête si près le bois ou le ravin ;
Quand la main d'un enfant qui balance cette urne
En verse à sons pieux dans la brise nocturne
    Ce que la terre a de divin ;

Quand du clocher vibrant l'hirondelle habitante
S'envole au vent d'airain qui fait trembler sa tente,
Et de l'étang ridé vient effleurer les bords,
Ou qu'à la fin du fil qui chargeait sa quenouille
La veuve du village à ce bruit s'agenouille
    Pour donner leur aumône aux morts :

Ce qu'éveille en mon sein le chant du toit sonore,
Ce n'est pas la gaîté du jour qui vient d'éclore,

Ce n'est pas le regret du jour qui va finir,
Ce n'est pas le tableau de mes fraîches années
Croissant sur ces coteaux parmi ces fleurs fanées
    Qu'effeuille encor mon souvenir ;

Ce n'est pas mes sommeils d'enfant sous ces platanes,
Ni ces premiers élans du jeu de mes organes,
Ni mes pas égarés sur ces rudes sommets,
Ni ces grands cris de joie en aspirant vos vagues,
O brises du matin pleines de saveurs vagues
    Et qu'on croit n'épuiser jamais !

Ce n'est pas le coursier atteint dans la prairie,
Pliant son cou soyeux sous ma main aguerrie,
Et mêlant sa crinière à mes beaux cheveux blonds,
Quand, le sol sous ses pieds sonnant comme une enclume,
Sa croupe m'emportait, et que sa blanche écume
    Argentait l'herbe des vallons !

. . . .

Ce n'est pas vous non plus, vous que pourtant je pleure,
Premier bouillonnement de l'onde intérieure,
Voix du cœur qui chantait en s'éveillant en moi,
Mélodieux murmure embaumé d'ambroisie
Qui fait rendre à sa source un vent de poésie !...
    O gloire, c'est encore moins toi !

De mes jours sans regret que l'hiver vous remporte
Avec le chaume vide, avec la feuille morte,
Avec la renommée, écho vide et moqueur !
Ces herbes du sentier sont des plantes divines
Qui parfument les pieds : oui, mais dont les racines
    Ne s'enfoncent pas dans le cœur !

Guirlandes du festin que pour un soir on cueille,
Que la haine empoisonne ou que l'envie effeuille,
Dont vingt fois sous les mains la couronne se rompt,
Qui donnent à la vie un moment de vertige,
Mais dont la fleur d'emprunt ne tient pas à la tige,
    Et qui sèche en tombant du front.

———

C'est le jour où ta voix dans la vallée en larmes
Sonnait le désespoir après le glas d'alarmes,
Où deux cercueils passant sous les coteaux en deuil,
Et bercés sur des cœurs par des sanglots de femmes,
Dans un double sépulcre enfermèrent trois âmes
    Et m'oublièrent sur le seuil !

De l'aurore à la nuit, de la nuit à l'aurore,
O cloche, tu pleuras comme je pleure encore,
Imitant de nos cœurs le sanglot étouffant ;
L'air, le ciel, résonnaient de ta complainte amère,
Comme si chaque étoile avait perdu sa mère,
    Et chaque brise son enfant !

Depuis ce jour suprême où ta sainte harmonie
Dans ma mémoire en deuil à ma peine est unie,
Où ton timbre et mon cœur n'eurent qu'un même son,
Oui, ton bronze sonore et trempé dans la flamme
Me semble, quand il pleure, un morceau de mon âme
    Qu'un ange frappe à l'unisson !

Je dors lorsque tu dors, je veille quand tu veilles ;
Ton glas est un ami qu'attendent mes oreilles ;

Entre la voix des tours je démêle ta voix ;
Et ta vibration encore en moi résonne
Quand l'insensible bruit qu'un moucheron bourdonne
    Te couvre déjà sous les bois.

Je me dis : Ce soupir mélancolique et vague
Que l'air profond des nuits roule de vague en vague,
Ah ! c'est moi, pour moi seul, là-haut retentissant !
Je sais ce qu'il me dit, il sait ce que je pense ;
Et le vent qui l'ignore, à travers ce silence,
    M'apporte un sympathique accent.

Je me dis : Cet écho de ce bronze qui vibre,
Avant de m'arriver au cœur de fibre en fibre,
A frémi sur la dalle où tout mon passé dort ;
Du timbre du vieux dôme il garde quelque chose :
La pierre du sépulcre où mon amour repose
    Sonne aussi dans ce doux accord !

—

Ne t'étonne donc pas, enfant, si ma pensée,
Au branle de l'airain secrètement bercée,
Aime sa voix mystique et fidèle au trépas ;
Si, dès le premier son qui gémit sous sa voûte,
Sur un pied suspendu je m'arrête et j'écoute
    Ce que la mort me dit tout bas.

Et toi, saint porte-voix des tristesses humaines,
Que la terre inventa pour mieux crier ses peines,
Chante ! des cœurs brisés le timbre est encor beau.

Que ton gémissement donne une âme à la pierre,
Des larmes aux yeux secs, un signe à la prière,
 Une mélodie au tombeau !

Moi, quand des laboureurs porteront dans ma bière
Le peu qui doit rester ici de ma poussière ;
Après tant de soupirs que mon sein lance ailleurs,
Quand des pleureurs gagés, froide et banale escorte,
Déposeront mon corps endormi sous la porte
 Qui mène à des soleils meilleurs,

Si quelque main pieuse en mon honneur te sonne,
Des sanglots de l'airain, oh ! n'attriste personne,
Ne va pas mendier des pleurs à l'horizon !
Mais prends ta voix de fête, et sonne sur ma tombe
Avec le bruit joyeux d'une chaîne qui tombe
 Au seuil libre d'une prison !

Ou chante un air semblable au cri de l'alouette
Qui, s'élevant du chaume où la bise la fouette,
Dresse à l'aube du jour son vol mélodieux,
Et gazouille ce chant qui fait taire d'envie
Ses rivaux attachés aux ronces de la vie,
 Et qui se perd au fond des cieux !

XLIII
UNE DERNIÈRE VISITE

J'étais le seul ami qu'il eût sur cette terre
Hors son pauvre troupeau. Je vins au presbytère,
Comme j'avais coutume, à la Saint-Jean d'été,
A pied, par le sentier du chamois fréquenté,
Mon fusil sous le bras et mes deux chiens en laisse,
Montant, courbé, ces monts que chaque pas abaisse,
Mais songeant au plaisir que j'aurais vers le soir
A frapper à sa porte, à monter, à m'asseoir
Au coin de son foyer tout flamboyant d'érable,
A voir la blanche nappe étendue, et la table,
Couverte par ses mains de légume et de fruit,
Nous rassembler causant bien avant dans la nuit.
Il me semblait déjà dans mon oreille entendre
De sa touchante voix l'accent tremblant et tendre,
Et sentir, à défaut de mots cherchés en vain,
Tout son cœur me parler d'un serrement de main :
Car, lorsque l'amitié n'a plus d'autre langage,
La main aide le cœur et lui rend témoignage.

Quand je fus au sommet d'où le libre horizon
Laissait apercevoir le toit de sa maison,
Je posai mon fusil sur une pierre grise,
Et j'essuyai mon front que vint sécher la brise ;
Puis, regardant, je fus surpris de ne pas voir,
D'arbre en arbre au verger errer son habit noir :
Car c'était l'heure sainte où, libre et solitaire,
Au rayon du couchant il lisait son bréviaire ;

Et plus surpris encor de ne pas voir monter,
Du toit où si souvent je la voyais flotter,
De son foyer du soir l'ordinaire fumée.
Mais voyant au soleil sa fenêtre fermée,
Une tristesse vague, une ombre de malheur,
Comme un frisson sur l'eau courut sur tout mon cœur;
Et, sans donner de cause à ma terreur subite,
Je repris mon chemin et je marchai plus vite.

Mon œil cherchait quelqu'un qu'il pût interroger,
Mais, dans les champs déserts, ni troupeau, ni berger :
Le mulet broutait seul l'herbe rare et poudreuse
Sur les bords de la route, et dans le sol qu'il creuse
Le soc penché dormait à moitié d'un sillon ;
On n'entendait au loin que le cri du grillon
Au lieu du bruit vivant des voix entremêlées
Qui montent tous les soirs du fond de ces vallées.
J'arrive et frappe en vain : le gardien du foyer,
Son chien, même à mes coups ne vient pas aboyer;
Je presse le loquet d'un doigt lourd et rapide,
Et j'entre dans la cour, aussi muette et vide.
Vide ? hélas ! mon Dieu non : au pied de l'escalier
Qui conduisait de l'aire au rustique palier,
Comme un pauvre accroupi sur le seuil d'une église,
Une figure noire était dans l'ombre assise,
Immobile, le front sur ses genoux couché,
Et dans son tablier le visage caché.
Elle ne proférait ni plainte ni murmure;
Seulement du drap noir qui couvrait sa figure
Un mouvement léger, convulsif, continu,
Trahissait le sanglot dans son sein retenu.
Je devinai la mort à ce muet emblème :

La servante pleurait le vieux maître qu'elle aime.
— « Marthe ! dis-je, est-il vrai ?... » Se levant à ma voix
Et s'essuyant les yeux du revers de ses doigts :
— « Trop vrai ! Montez, monsieur ; on peut le voir encore :
On ne doit l'enterrer que demain à l'aurore ;
Sa pauvre âme du moins s'en ira plus en paix
Si vous l'accompagnez de vos derniers souhaits.
Il a parlé de vous jusqu'à sa dernière heure :
« Marthe, me disait-il, si Dieu veut que je meure,
» Dis-lui que son ami lui laisse tout son bien
» Pour avoir soin de toi, des oiseaux et du chien. »
Son bien ! n'en point garder était toute sa gloire,
Il ne remplirait pas le rayon d'une armoire.
Le peu qui lui restait a passé sou par sou
En linge, en aliments, ici, là, Dieu sait où.
Tout le temps qu'a duré la grande maladie,
Il leur a tout donné, monsieur, jusqu'à sa vie ;
Car c'est en confessant, jour et nuit, tel et tel,
Qu'il a gagné la mort. » — « Oui, lui dis-je, et le ciel ! »
Et je montai. La chambre était déserte et sombre ;
Deux cierges seulement en éclaircissaient l'ombre,
Et mêlaient sur son front leurs funèbres reflets
Aux rayons d'or du soir qui perçaient les volets,
Comme luttent entre eux, dans la sainte agonie,
L'immortelle espérance et la nuit de la vie.

Son visage était calme et doux à regarder ;
Ses traits pacifiés semblaient encor garder
La douce impression d'extases commencées ;
Il avait vu le ciel déjà dans ses pensées,
Et le bonheur de l'âme en prenant son essor
Dans son divin sourire était visible encor.

Un drap blanc, recouvert de sa soutane noire,
Parait son lit de mort; un crucifix d'ivoire
Reposait dans ses mains sur son sein endormi,
Comme un ami qui dort sur le cœur d'un ami;
Et, couché sur les pieds du maître qu'il regarde,
Son chien blanc, inquiet d'une si longue garde,
Grondait au moindre bruit, et, las de le veiller,
Écoutait si son souffle allait se réveiller.
Près du chevet du lit, selon le sacré rite,
Un rameau de buis sec trempait dans l'eau bénite;
Ma main avec respect le secoua trois fois,
En traçant sur le corps le signe de la croix;
Puis je baisai les pieds et les mains. Le visage
De l'immortalité portait déjà l'image,
Et déjà sur ce front, où son signe était lu,
Mon œil respectueux ne voyait qu'un élu.
Puis, avec l'assistant disant les saints cantiques,
Je m'assis pour pleurer près des chères reliques,
Et, priant et chantant et pleurant tour à tour,
Je consumai la nuit et vis poindre le jour.

Près du seuil de l'église, au coin du cimetière,
Dans la terre des morts nous couchâmes la bière;
Chacun des villageois jeta sur le cercueil
Un peu de terre sainte en signe de son deuil;
Tous pleuraient en passant et regardaient la tombe
S'affaisser lentement sous la cendre qui tombe;
Chaque fois qu'en tombant la terre retentit,
De la foule muette un sourd sanglot sortit.
Quand ce fut à mon tour : « O saint ami! lui dis-je,
Dors! Ce n'est pas mon cœur, c'ést mon œil qui s'afflige.
En vain je vais fermer la couche où te voilà,

Je sais qu'en ce moment mon ami n'est plus là....
Il est où ses vertus ont allumé leur flamme !
Il est où ses soupirs ont devancé son âme ! »
Je dis. Et tout le soir, attristant ces déserts,
Sa cloche en gémissant le pleura dans les airs,
Et, mêlant à ses glas des aboiements funèbres,
Son chien, qui l'appelait, hurla dans les ténèbres.

Et moi, seul avec Marthe en ce morne séjour,
J'allais, je revenais du jardin à la cour,
Cherchant et retrouvant en chaque endroit sa trace,
Le voyant, lui parlant, et lui laissant sa place,
Feuilletant tout ouvert quelque livre pieux,
En lisant un passage et m'essuyant les yeux.
« N'écrivait-il jamais ? » — « Quelquefois le dimanche,
Me dit Marthe, il veillait sur une page blanche,
Et, quand elle était noire, au fond d'un vieux panier
Il la jetait, et moi, dans un coin du grenier
Je balayais la feuille au retour de l'aurore.
Ce qu'ont laissé les rats y peut bien être encore. »
J'y montai ; j'y trouvai ces pages où sa main
Avait ainsi couru sans ordre et sans dessein,
Semblables à ces mots qu'un rêveur solitaire
Du bout de son bâton écrit avec mystère,
Caractères battus par la pluie et les vents,
Et dont l'œil se fatigue à renouer le sens.
Bien des dates manquaient à ce journal sans suite,
Soit qu'il eût déchiré la page à peine écrite,
Ou soit que Marthe en eût allumé ses flambeaux,
Et les vents sur son toit dispersé les lambeaux.
Déplorant à mon cœur mainte feuille ravie,
Mon œil de ces débris recomposait sa vie,

Comme l'œil, éclairé d'un rayon de la nuit
Et s'égarant au loin sur l'horizon qui fuit,
Voit les anneaux glissants d'un fleuve à l'eau brillante
Dérouler flots à flots leur nappe étincelante,
Se perdre par moments sous quelque tertre obscur,
Dans la plaine plus bas reparaître plus pur,
Se briser de nouveau dans les prés qu'il arrose ;
Mais, suivant du regard le sillon qu'il suppose
Et sous les noirs coteaux devinant ses détours,
De mille anneaux rompus recompose un seul cours.
C'est ainsi qu'à travers de confuses images
De ce journal brisé j'ai recousu les pages.

XLIV

LA VIE CHAMPÊTRE

O vallons paternels, doux champs, humble chaumière
Au bord penchant des bois suspendue aux coteaux,
Dont l'humble toit, caché sous des touffes de lierre,
    Ressemble au nid sous les rameaux,

Gazons entrecoupés de ruisseaux et d'ombrages,
Seuil antique où mon père, adoré comme un roi,
Comptait ses gras troupeaux rentrant des pâturages,
    Ouvrez-vous ! ouvrez-vous ! c'est moi.

Voilà du dieu des champs la rustique demeure.
J'entends l'airain frémir au sommet de ses tours ;
Il semble que dans l'air une voix qui me pleure
    Me rappelle à mes premiers jours !

Oui, je reviens à toi, berceau de mon enfance,
Embrasser pour jamais tes foyers protecteurs.
Loin de moi les cités et leur vaine opulence,
  Je suis né parmi les pasteurs !

Enfant, j'aimais, comme eux, à suivre dans la plaine
Les agneaux pas à pas, égarés jusqu'au soir ;
A revenir comme eux baigner leur blanche laine
  Dans l'eau courante du lavoir ;

J'aimais à me suspendre aux lianes légères,
A gravir dans les airs de rameaux en rameaux,
Pour ravir le premier, sous l'aile de leurs mères,
  Les tendres œufs des tourtereaux ;

J'aimais les voix du soir dans les airs répandues,
Le bruit lointain des chars gémissant sous leur poids,
Et le sourd tintement des cloches suspendues
  Au cou des chevreaux dans les bois ;

Et depuis, exilé de ces douces retraites,
Comme un vase imprégné d'une première odeur,
Toujours, loin des cités, des voluptés secrètes
  Entraînaient mes yeux et mon cœur !

Beaux lieux, recevez-moi sous vos sacrés ombrages !
Vous qui couvrez le seuil de rameaux éplorés,
Saules contemporains, courbez vos longs feuillages
  Sur le frère que vous pleurez.

Reconnaissez mes pas, doux gazons que je foule,
Arbres que dans mes jeux j'insultais autrefois ;

Et toi qui loin de moi te cachais à la foule,
    Triste écho, réponds à ma voix.

Je ne viens pas traîner dans vos riants asiles
Les regrets du passé, les songes du futur :
J'y viens vivre, et, couché sous vos berceaux fertiles,
    Abriter mon repos obscur.

S'éveiller le cœur pur, au réveil de l'aurore,
Pour bénir, au matin, le Dieu qui fait le jour;
Voir les fleurs du vallon sous la rosée éclore
    Comme pour fêter son retour;

Respirer les parfums que la colline exhale,
Ou l'humide fraîcheur qui tombe des forêts;
Voir onduler de loin l'haleine matinale
    Sur le sein flottant des guérets;

Conduire la génisse à la source qu'elle aime,
Ou suspendre la chèvre au cytise embaumé,
Ou voir les blancs taureaux venir tendre d'eux-même
    Leur front au joug accoutumé;

Guider un soc tremblant dans le sillon qui crie,
Du pampre domestique émonder les berceaux,
Ou creuser mollement, au sein de la prairie,
    Les lits murmurants des ruisseaux;

Le soir, assis en paix au seuil de la chaumière,
Tendre au pauvre qui passe un morceau de son pain,
Et, fatigué du jour, y fermer sa paupière
    Loin des soucis du lendemain;

Sentir, sans les compter, dans leur ordre paisible,
Les jours suivre les jours, sans faire plus de bruit
Que ce sable léger dont la fuite insensible
    Nous marque l'heure qui s'enfuit ;

Voir de vos doux vergers sur vos fronts les fruits pendre ;
Les fruits d'un chaste amour dans vos bras accourir,
Et, sur eux appuyé, doucement redescendre :
    C'est assez pour qui doit mourir.

XLV

PENSÉE DES MORTS

    Voilà les feuilles sans séve
    Qui tombent sur le gazon ;
    Voilà le vent qui s'élève
    Et gémit dans le vallon ;
    Voilà l'errante hirondelle
    Qui rase du bout de l'aile
    L'eau dormante des marais ;
    Voilà l'enfant des chaumières
    Qui glane sur les bruyères
    Le bois tombé des forêts.

    L'onde n'a plus le murmure
    Dont elle enchantait les bois ;
    Sous des rameaux sans verdure
    Les oiseaux n'ont plus de voix ;

Le soir est près de l'aurore ;
L'astre à peine vient d'éclore,
Qu'il va terminer son tour ;
Il jette par intervalle
Une lueur, clarté pâle
Qu'on appelle encore un jour.

L'aube n'a plus de zéphyre
Sous ses nuages dorés ;
La pourpre du soir expire
Sous les flots décolorés ;
La mer solitaire et vide
N'est plus qu'un désert aride
Où l'œil cherche en vain l'esquif ;
Et sur la grève plus sourde
La vague orageuse et lourde
N'a qu'un murmure plaintif.

La brebis sur les collines
Ne trouve plus le gazon ;
Son agneau laisse aux épines
Les débris de sa toison ;
La flûte aux accords champêtres
Ne réjouit plus les hêtres
Des airs de joie ou d'amours ;
Toute herbe aux champs est glanée :
Ainsi finit une année,
Ainsi finissent nos jours !

C'est la saison où tout tombe
Aux coups redoublés des vents ;
Un vent qui vient de la tombe
Moissonne aussi les vivants :

Ils tombent alors par mille,
Comme la plume inutile
Que l'aigle abandonne aux airs,
Lorsque des plumes nouvelles
Viennent réchauffer ses ailes
A l'approche des hivers.

C'est alors que ma paupière
Vous vit pâlir et mourir,
Tendres fruits qu'à la lumière
Dieu n'a pas laissés mûrir !
Quoique jeune sur la terre,
Je suis déjà solitaire
Parmi ceux de ma saison ;
Et quand je dis en moi-même :
« Où sont ceux que ton cœur aime? »
Je regarde le gazon.

Leur tombe est sur la colline,
Mon pied la sait : la voilà !
Mais leur essence divine,
Mais eux, Seigneur, sont-ils là?
Jusqu'à l'indien rivage
Le ramier porte un message
Qu'il rapporte à nos climats ;
La voile passe et repasse :
Mais de son étroit espace
Leur âme ne revient pas.

Ah ! quand les vents de l'automne
Sifflent dans les rameaux morts,
Quand le brin d'herbe frissonne,
Quand le pin rend ses accords,

Quand la cloche des ténèbres
Balance ses glas funèbres,
La nuit, à travers les bois,
A chaque vent qui s'élève,
A chaque flot sur la grève,
Je dis : « N'es-tu par leur voix? »

Du moins si leur voix si pure
Est trop vague pour nos sens,
Leur âme en secret murmure
De plus intimes accents;
Au fond des cœurs qui sommeillent,
Leurs souvenirs qui s'éveillent
Se pressent de tous côtés,
Comme d'arides feuillages
Que rapportent les orages
Au tronc qui les a portés.

C'ést une mère ravie
A ses enfants dispersés,
Qui leur tend, de l'autre vie,
Ces bras qui les ont bercés;
Des baisers sont sur sa bouche;
Sur ce sein qui fut leur couche
Son cœur les rappelle à soi;
Des pleurs voilent son sourire,
Et son regard semble dire :
« Vous aime-t-on comme moi? »

C'est une jeune fiancée
Qui, le front ceint du bandeau,
N'emporta qu'une pensée

De sa jeunesse au tombeau :
Triste, hélas ! dans le ciel même,
Pour revoir celui qu'elle aime
Elle revient sur ses pas,
Et lui dit : « Ma tombe est verte !
Sur cette terre déserte
Qu'attends-tu ? Je n'y suis pas ! »

C'est un ami de l'enfance,
Qu'aux jours sombres du malheur
Nous prêta la Providence
Pour appuyer notre cœur.
Il n'est plus, notre âme est veuve ;
Il nous suit dans notre épreuve
Et nous dit avec pitié :
« Ami, si ton âme est pleine,
De ta joie ou de ta peine
Qui portera la moitié ? »

C'est l'ombre pâle d'un père
Qui mourut en nous nommant ;
C'est une sœur, c'est un frère,
Qui nous devance un moment.
Sous notre heureuse demeure,
Avec celui qui les pleure,
Hélas ! ils dormaient hier ;
Et notre cœur doute encore
Que le ver déjà dévore
Cette chair de notre chair !

L'enfant dont la mort cruelle
Vient de vider le berceau,

Qui tomba de la mamelle
Au lit glacé du tombeau
Tous ceux enfin dont la vie,
Un jour ou l'autre ravie,
Emporte une part de nous,
Murmurent sous la poussière :
« Vous qui voyez la lumière,
De nous vous souvenez-vous? »

Ah! vous pleurer est le bonheur suprême,
Mânes chéris de quiconque a des pleurs!
Vous oublier, c'est s'oublier soi-même :
N'êtes-vous pas un débris de nos cœurs?

En avançant dans notre obscur voyage,
Du doux passé l'horizon est plus beau;
En deux moitiés notre âme se partage,
Et la meilleure appartient au tombeau!

Dieu de pardon! leur Dieu! Dieu de leurs pères!
Toi que leur bouche a si souvent nommé,
Entends pour eux les larmes de leurs frères!
Prions pour eux, nous qu'ils ont tant aimé!

Ils t'ont prié pendant leur courte vie,
Ils ont souri quand tu les as frappés!
Ils ont crié : « Que ta main soit bénie! »
Dieu, tout espoir, les aurais-tu trompés?

Et cependant pourquoi ce long silence?
Nous auraient-ils oubliés sans retour?
N'aiment-ils plus? Ah! ce doute t'offense!
Et toi, mon Dieu, n'es-tu pas tout amour?

Mais, s'ils parlaient à l'ami qui les pleure,
S'ils nous disaient comment ils sont heureux,
De tes desseins nous devancerions l'heure,
Avant ton jour nous volerions vers eux.

Où vivent-ils? Quel astre à leur paupière
Répand un jour plus durable et plus doux?
Vont-ils peupler ces îles de lumière?
Ou planent-ils entre le ciel et nous?

Sont-ils noyés dans l'éternelle flamme?
Ont-ils perdu ces doux noms d'ici-bas,
Ces noms de sœur, et d'amante, et de femme?
A ces appels ne répondront-ils pas?

Non, non, mon Dieu! si la céleste gloire
Leur eût ravi tout souvenir humain,
Tu nous aurais enlevé leur mémoire :
Nos pleurs sur eux couleraient-ils en vain?

Ah! dans ton sein que leur âme se noie!
Mais garde-nous nos places dans leur cœur;
Eux qui jadis ont goûté notre joie,
Pouvons-nous être heureux sans leur bonheur?

Étends sur eux la main de ta clémence :
Ils ont péché; mais le ciel est un don!
Ils ont souffert; c'est une autre innocence!
Ils ont aimé; c'est le sceau du pardon!

   Ils furent ce que nous sommes,
   Poussière, jouet du vent,

Fragiles comme des hommes,
Faibles comme le néant!
Si leurs pieds souvent glissèrent,
Si leurs lèvres transgressèrent
Quelque lettre de ta loi,
O Père, ô Juge suprême,
Ah! ne les vois pas eux-même,
Ne regarde en eux que toi!

Si tu scrutes la poussière,
Elle s'enfuit à ta voix;
Si tu touches la lumière,
Elle ternira tes doigts;
Si ton œil divin les sonde,
Les colonnes de ce monde
Et des cieux chancelleront;
Si tu dis à l'innocence :
« Monte et plaide en ma présence! »
Tes vertus se voileront.

Mais toi, Seigneur, tu possèdes
Ta propre immortalité;
Tout le bonheur que tu cèdes
Accroît ta félicité.
Tu dis au soleil d'éclore,
Et le jour ruisselle encore!
Tu dis au temps d'enfanter,
Et l'éternité docile,
Jetant les siècles par mille,
Les répand sans les compter!

Les mondes que tu répares
Devant toi vont rajeunir,

Et jamais tu ne sépares
Le passé de l'avenir.
Tu vis ! et tu vis ! Les âges,
Inégaux pour tes ouvrages,
Sont tous égaux sous ta main ;
Et jamais ta voix ne nomme,
Hélas ! ces trois mots de l'homme :
Hier, aujourd'hui, demain !

O Père de la nature,
Source, abîme de tout bien,
Rien à toi ne se mesure :
Ah ! ne te mesure à rien !
Mets, ô divine clémence,
Mets ton poids dans la balance,
Si tu pèses le néant !
Triomphe, ô vertu suprême,
En te contemplant toi-même !
Triomphe en nous pardonnant !

XLVI

HYMNE AU CHRIST

FRAGMENT

Verbe incréé, source féconde
De justice et de liberté,
Parole qui guéris le monde,
Rayon vivant de vérité,

Est-il vrai que ta voix d'âge en âge entendue,
Pareille au bruit lointain qui meurt dans l'étendue,
N'a plus pour nous guider que des sons impuissants,
    Et qu'une voix plus souveraine,
    La voix de la parole humaine,
    Étouffe à jamais tes accents?

Mais la raison c'est toi; mais cette raison même,
Qu'était-elle avant l'heure où tu vins l'éclairer?
Nuage, obscurité, doute, combat, système,
Flambeau que notre orgueil portait pour s'égarer!

    Le monde n'était que ténèbres,
Les doctrines sans foi luttaient comme des flots,
Et, trompé, détrompé de leurs clartés funèbres,
L'esprit humain flottait noyé dans ce chaos;
L'espérance ou la peur, au gré de leurs caprices,
Ravageaient tour à tour et repeuplaient les cieux;
La fourbe s'engraissait du sang des sacrifices,
Mille dieux attestaient l'ignorance des dieux.
    Fouillez les cendres de Palmyre,
    Fouillez les limons d'Osiris
    Et ces panthéons où respire
L'ombre fétide encor de tous ces dieux proscrits;
    Tirez de la fange ou de l'herbe,
Tirez ces dieux moulés, fondus, taillés, pétris,
Ces monstres mutilés, ces symboles flétris,
Et dites ce qu'était cette raison superbe
    Quand elle adorait ces débris!

Ne sachant plus nommer les exploits ou les crimes,
Les noms tombaient du sort comme au hasard jetés,
La gloire suffisait aux âmes magnanimes,

Et les vertus les plus sublimes
N'étaient que des vices dorés.

    Tu parais! ton verbe vole,
    Comme autrefois la parole,
    Qu'entendit le noir chaos,
    De la nuit tira l'aurore,
    Des cieux sépara les flots,
    Et du nombre fit éclore
    L'harmonie et le repos.
    Ta parole créatrice
    Sépare vertus et vice,
    Mensonges et vérité ;
    Le maître apprend la justice,
    L'esclave la liberté,
    L'indigent le sacrifice,
    Le riche la charité !
    Un Dieu créateur et père,
    En qui l'innocence espère,
    S'abaisse jusqu'aux mortels ;
    La prière qu'il appelle
    S'élève à lui libre et belle,
    Sans jamais souiller son aile
    Des holocaustes cruels.
    Nos iniquités, nos crimes,
    Nos désirs illégitimes,
    Voilà les seules victimes
    Qu'on immole à ses autels !
    L'immortalité se lève
    Et brille au delà des temps ;
    L'espérance, divin rêve,
    De l'exil que l'homme achève

Abrége les courts instants;
L'amour céleste soulève
Nos fardeaux les plus pesants;
Le siècle éternel commence,
Le juste a sa conscience,
Le remords son innocence;
L'humble foi fait la science
Des sages et des enfants;
Et l'homme qu'elle console
Dans cette seule parole
Se repose deux mille ans!

Et l'esprit, éclairé par tes lois immortelles,
Dans la sphère morale où tu guidas nos yeux
Découvrit tout à coup plus de vertus nouvelles
Que, le jour où d'Herschel le verre audacieux
Porta l'œil étonné dans les célestes routes,
Le regard qui des nuits interroge les voûtes
Ne vit d'astres nouveaux pulluler dans les cieux!

—

Non, jamais de ces feux qui roulent sur nos têtes,
Jamais de ce Sina qu'embrasaient les tempêtes,
Jamais de cet Horeb, trône de Jéhovah,
  Aux yeux des siècles n'éclata
Un foyer de clarté plus vive et plus féconde
Que cette vérité qui jaillit sur le monde
  Des collines de Golgotha!

L'astre qu'à ton berceau le mage vit éclore,
L'étoile qui guida les bergers de l'aurore

Vers le Dieu couronné d'indigence et d'affront,
Répandit sur la terre un jour qui luit encore,
Que chaque âge à son tour reçoit, bénit, adore,
Qui dans la nuit des temps jamais ne s'évapore,
Et ne s'éteindra pas quand les cieux s'éteindront !

XLVII

LA MORT DE SOCRATE

La vérité, c'est Dieu.

Le soleil, se levant aux sommets de l'Hymette,
Du temple de Thésée illuminait le faîte,
Et, frappant de ses feux les murs du Parthénon,
Comme un furtif adieu, glissait dans la prison.
On voyait sur les mers une poupe dorée,
Au bruit des hymnes saints, voguer vers le Pirée,
Et c'était ce vaisseau dont le fatal retour
Devait aux condamnés marquer leur dernier jour ;
Mais la loi défendait qu'on leur ôtât la vie
Tant que le doux soleil éclairait l'Ionie,
De peur que ses rayons, aux vivants destinés,
Par des yeux sans regard ne fussent profanés,
Ou que le malheureux, en fermant sa paupière,
N'eût à pleurer deux fois la vie et la lumière !
Ainsi l'homme exilé du champ de ses aïeux
Part avant que l'aurore ait éclairé les cieux.

Attendant le réveil du fils de Sophronique,
Quelques amis en deuil erraient sous le portique ;
Et sa femme, portant son fils sur ses genoux,
Tendre enfant dont la main joue avec les verrous,
Accusant la lenteur des geôliers insensibles,
Frappait du front l'airain des portes inflexibles.
La foule, inattentive au cri de ses douleurs,
Demandait en passant le sujet de ses pleurs,
Et, reprenant bientôt sa course suspendue,
Et dans les longs parvis par groupes répandue,
Recueillait ces vains bruits dans le peuple semés,
Parlait d'autels détruits et des dieux blasphémés,
Et d'un culte nouveau corrompant la jeunesse,
Et de ce Dieu sans nom, étranger dans la Grèce !
C'était quelque insensé, quelque monstre odieux,
Quelque nouvel Oreste aveuglé par les dieux,
Qu'atteignait à la fin la tardive justice,
Et que la terre au ciel devait en sacrifice !
Socrate ! et c'était toi qui, dans les fers jeté,
Mourais pour la justice et pour la vérité !!!

Enfin de la prison les gonds bruyants roulèrent ;
A pas lents, l'œil baissé, les amis s'écoulèrent :
Mais Socrate, jetant un regard sur les flots,
Et leur montrant du doigt la voile vers Délos :
« Regardez ! sur les mers cette poupe fleurie,
C'est le vaisseau sacré, l'heureuse théorie !
Saluons-la, dit-il : cette voile est la mort !
Mon âme aussitôt qu'elle entrera dans le port.
Et cependant parlez, et que ce jour suprême
Dans nos doux entretiens s'écoule encor de même !

Ne jetons point aux vents les restes du festin,
Des dons sacrés des dieux usons jusqu'à la fin :
L'heureux vaisseau qui touche au terme du voyage
Ne suspend pas sa course à l'aspect du rivage;
Mais, couronné de fleurs et les voiles aux vents,
Dans le port qui l'appelle il entre avec les chants !

—

« Les poëtes ont dit qu'avant sa dernière heure
En sons harmonieux le doux cygne se pleure :
Amis, n'en croyez rien ; l'oiseau mélodieux
D'un plus sublime instinct fut doué par les dieux.
Du riant Eurotas près de quitter la rive,
L'âme, de ce beau corps à demi fugitive,
S'avançant pas à pas vers un monde enchanté,
Voit poindre le jour pur de l'immortalité,
Et, dans la douce extase où ce regard la noie,
Sur la terre en mourant elle exhale sa joie.
Vous qui près du tombeau venez pour m'écouter,
Je suis un cygne aussi ; je meurs, je puis chanter ! »

—

Sous la voûte, à ces mots, des sanglots éclatèrent ;
D'un cercle plus étroit ses amis l'entourèrent :
« Puisque tu vas mourir, ami trop tôt quitté,
Parle-nous d'espérance et d'immortalité !
— Je le veux bien, dit-il ; mais éloignons les femmes :
Leurs soupirs étouffés amolliraient nos âmes;
Or, il faut, dédaignant les terreurs du tombeau,
Entrer d'un pas hardi dans un monde nouveau !

—

« Vous le savez, amis, souvent, dès ma jeunesse,
Un génie inconnu m'inspira la sagesse
Et du monde futur me découvrit les lois.
Était-ce quelque dieu caché dans une voix ?
Une ombre m'embrassant d'une amitié secrète ?
L'écho de l'avenir ? la muse du poëte ?
Je ne sais ; mais l'esprit qui me parlait tout bas,
Depuis que de ma fin je m'approche à grands pas,
En sons plus élevés me parle, me console ;
Je reconnais plus tôt sa divine parole,
Soit qu'un cœur affranchi du tumulte des sens
Avec plus de silence écoute ses accents ;
Soit que, comme l'oiseau, l'invisible génie
Redouble vers le soir sa touchante harmonie ;
Soit plutôt qu'oubliant ce jour qui va finir,
Mon âme, suspendue aux bords de l'avenir,
Distingue mieux le son qui part d'un autre monde,
Comme le nautonier, le soir, errant sur l'onde,
A mesure qu'il vogue et s'approche du bord,
Distingue mieux la voix qui s'élève du port.
Cet invisible ami jamais ne m'abandonne,
Toujours de son accent mon oreille résonne,
Et sa voix dans ma voix parle seule aujourd'hui ;
Amis, écoutez donc ! ce n'est plus moi, c'est lui !... »

―

Le front calme et serein, l'œil rayonnant d'espoir,
Socrate à ses amis fit signe de s'asseoir.
A ce signe muet soudain ils obéirent,
Et sur les bords du lit en silence ils s'assirent
Symmias abaissait son manteau sur ses yeux
Criton d'un œil pensif interrogeait les cieux ;

Cébès penchait à terre un front mélancolique ;
Anaxagore, armé d'un rire sardonique,
Semblait, du philosophe enviant l'heureux sort,
Rire de la fortune et défier la mort !
Et le dos appuyé sur la porte de bronze,
Les bras entrelacés, le serviteur des Onze,
De doute et de pitié tour à tour combattu,
Murmurait sourdement : « Que lui sert sa vertu ? »
Mais Phédon, regrettant l'ami plus que le sage,
Sous ses cheveux épars voilant son beau visage,
Plus près du lit funèbre aux pieds du maître assis,
Sur ses genoux pliés se penchait comme un fils,
Levait ses yeux voilés sur l'ami qu'il adore,
Rougissait de pleurer, et le pleurait encore.

—

Du sage cependant la terrestre douleur
N'osait point altérer les traits ni la couleur.
Son regard élevé loin de nous semblait lire ;
Sa bouche, où reposait son gracieux sourire,
Toute prête à parler, s'entr'ouvrait à demi ;
Son oreille écoutait son invisible ami ;
Ses cheveux, effleurés du souffle de l'automne,
Dessinaient sur sa tête une pâle couronne,
Et, de l'air matinal par moments agités,
Répandaient sur son front des reflets argentés.
Mais, à travers ce front où son âme est tracée,
On voyait rayonner sa sublime pensée,
Comme, à travers l'albâtre ou l'airain transparents,
La lampe, sur l'autel jetant ses feux mourants,
Par son éclat voilé se trahissant encore,
D'un reflet lumineux les frappe et les colore.

Comme l'œil sur les mers suit la voile qui part,
Sur ce front solennel attachant leur regard,
A ses yeux suspendus, ne respirant qu'à peine,
Ses amis attentifs retenaient leur haleine ;
Leurs yeux le contemplaient pour la dernière fois;
Ils allaient pour jamais emporter cette voix !
Comme la vague s'ouvre au souffle errant d'Éole,
Leur âme impatiente attendait sa parole.
Enfin du ciel sur eux son regard s'abaissa,
Et lui, comme autrefois, sourit et commença :

« Quoi ! vous pleurez, amis ! vous pleurez quand mon âme,
Semblable au pur encens que la prêtresse enflamme,
Affranchie à jamais du vil poids de son corps,
Va s'envoler aux dieux, et, dans de saints transports
Saluant ce jour pur qu'elle entrevit peut-être,
Chercher la vérité, la voir et la connaître !
Pourquoi donc vivons-nous, si ce n'est pour mourir ?
Pourquoi pour la justice ai-je aimé de souffrir ?
Pourquoi dans cette mort qu'on appelle la vie,
Contre ses vils penchants luttant, quoique asservie,
Mon âme avec mes sens a-t-elle combattu ?
Sans la mort, mes amis, que serait la vertu ?...
C'est le prix du combat, la céleste couronne
Qu'aux bornes de la course un saint juge nous donne.
La voix de Jupiter qui nous rappelle à lui,
Amis, bénissons-la ! Je l'entends aujourd'hui :
Je pouvais, de mes jours disputant quelque reste,
Me faire répéter deux fois l'ordre céleste ;
Me préservent les dieux d'en prolonger le cours !
En esclave attentif, ils m'appellent, j'y cours !

Et vous, si vous m'aimez, comme aux plus belles fêtes,
Amis, faites couler des parfums sur vos têtes,
Suspendez une offrande aux murs de la prison,
Et, le front couronné d'un verdoyant feston,
Ainsi qu'un jeune époux qu'une foule empressée,
Semant de chastes fleurs le seuil du gynécée,
Vers le lit nuptial conduit après le bain,
Dans les bras de la mort menez-moi par la main!...

—

» Qu'est-ce donc que mourir? Briser ce nœud infâme,
Cet adultère hymen de la terre avec l'âme,
D'un vil poids, à la tombe, enfin se décharger.
Mourir n'est pas mourir, mes amis, c'est changer!
Tant qu'il vit, accablé sous le corps qui l'enchaîne,
L'homme vers le vrai bien languissamment se traîne,
Et, par ses vils besoins dans sa course arrêté,
Suit d'un pas chancelant ou perd la vérité.
Mais celui qui, touchant au terme qu'il implore,
Voit du jour éternel étinceler l'aurore,
Comme un rayon du soir remontant dans les cieux,
Exilé de leur sein, remonte au sein des dieux ;
Et, buvant à longs traits le nectar qui l'enivre,
Du jour de son trépas il commence de vivre !

—

» — Mais mourir c'est souffrir; et souffrir est un mal.
— Amis, qu'en savons-nous ? Et quand l'instant fatal,
Consacré par le sang comme un grand sacrifice,
Pour ce corps immolé serait un court supplice,
N'est-ce pas par un mal que tout bien est produit?
L'été sort de l'hiver, le jour sort de la nuit.

Dieu lui-même a noué cette éternelle chaîne ;
Nous fûmes à la vie enfantés avec peine,
Et cet heureux trépas, des faibles redouté,
N'est qu'un enfantement à l'immortalité.

» Cependant de la mort qui peut sonder l'abîme ?
Les dieux ont mis leur doigt sur sa lèvre sublime :
Qui sait si, dans ses mains prêtes à la saisir,
L'âme incertaine tombe avec peine ou plaisir ?
Pour moi, qui vis encor, je ne sais, mais je pense
Qu'il est quelque mystère au fond de ce silence ;
Que des dieux indulgents la sévère bonté
A jusque dans la mort caché la volupté,
Comme, en blessant nos cœurs de ses divines armes,
L'amour cache souvent un plaisir sous des larmes ! »

L'incrédule Cébès à ce discours sourit.
— « Je le saurai bientôt », dit Socrate. Il reprit :

« Oui : le premier salut de l'homme à la lumière,
Quand le rayon doré vient baiser sa paupière,
L'accent de ce qu'on aime à la lyre mêlé,
Le parfum fugitif de la coupe exhalé,
Sont moins doux à nos sens que le premier transport
De l'homme vertueux affranchi par la mort !
Et pendant qu'ici-bas sa cendre est recueillie,
Emporté par sa course, en fuyant il oublie
De dire même au monde un éternel adieu !
Ce monde évanoui disparaît devant Dieu !

» — Mais quoi ! suffit-il donc de mourir pour revivre ?
— Non ; il faut que des sens notre âme se délivre,
De ses penchants mortels triomphe avec effort,
Que notre vie enfin soit une longue mort !
La vie est le combat, la mort est la victoire,
Et la terre est pour nous l'autel expiatoire
Où l'homme, de ses sens sur le seuil dépouillé,
Doit jeter dans les feux son vêtement souillé,
Avant d'aller offrir sur un autel propice
De sa vie, au Dieu pur, l'aussi pur sacrifice !

―

» Ils iront, d'un seul trait, du tombeau dans les cieux,
Joindre, où la mort n'est plus, les héros et les dieux,
Ceux qui, vainqueurs des sens pendant leur courte vie,
Ont soumis à l'esprit la matière asservie,
Ont marché sous le joug des rites et des lois,
Du juge intérieur interrogé la voix,
Suivi les droits sentiers écartés de la foule,
Prié, servi les dieux, d'où la vertu découle,
Souffert pour la justice, aimé la vérité,
Et des enfants du ciel conquis la liberté !

» Mais ceux qui, chérissant la chair autant que l'âme,
De l'esprit et des sens ont resserré la trame,
Et prostitué l'âme aux vils baisers du corps,
Comme Léda livrée à de honteux transports,
Ceux-là, si toutefois un dieu ne les délivre,
Même après leur trépas ne cessent pas de vivre,
Et des coupables nœuds qu'eux-même ils ont serrés
Ces mânes imparfaits ne sont pas délivrés.
Comme à ses fils impurs Arachné suspendue,
Leur âme, avec leur corps mêlée et confondue,

Cherche enfin à briser ses liens flétrissants.
L'amour qu'elle eut pour eux vit encor dans ses sens;
De leurs bras décharnés ils la pressent encore,
Lui rappellent cent fois cet hymen qu'elle abhorre,
Et, comme un air pesant qui dort sur les marais,
Leur vil poids, loin des dieux, la retient à jamais.
Ces mânes gémissants, errant dans les ténèbres,
Avec l'oiseau de nuit jettent des cris funèbres;
Autour des monuments, des urnes, des tombeaux,
De leur corps importun traînant d'affreux lambeaux,
Honteux de vivre encore, et fuyant la lumière,
A l'heure où l'innocence a fermé sa paupière,
De leurs antres obscurs ils s'échappent sans bruit,
Comme des criminels s'emparent de la nuit,
Imitent sur les flots le réveil de l'aurore,
Font courir sur les monts le pâle météore;
De songes effrayants assiégeant nos esprits,
Au fond des bois sacrés poussent d'horribles cris,
Ou, tristement assis sur le bord d'une tombe,
Et dans leurs doigts sanglants cachant leur front qui tombe,
Jaloux de leur victime, ils pleurent leurs forfaits :
Mais les âmes des bons ne reviennent jamais! »

—

Il se tut, et Cébès rompit seul ce silence :
« Me préservent les dieux d'offenser l'Espérance,
Cette divinité qui, semblable à l'Amour,
Un bandeau sur les yeux, nous conduit au vrai jour !
Mais puisque de ces bords comme elle tu t'envoles,
Hélas! et que voilà tes suprêmes paroles,
Pour m'instruire, ô mon maître, et non pour t'affliger,
Permets-moi de répondre et de t'interroger. »

Socrate, avec douceur, inclina son visage,
Et Cébès en ces mots interrogea le sage :

« L'âme, dis-tu, doit vivre au delà du tombeau :
Mais si l'âme est pour nous la lueur d'un flambeau,
Quand la flamme a des sens consumé la matière,
Quand le flambeau s'éteint, que devient la lumière ?
La clarté, le flambeau, tout ensemble est détruit,
Et tout rentre à la fois dans une même nuit.
Ou si l'âme est aux sens ce qu'est à cette lyre
L'harmonieux accord que notre main en tire,
Quand le temps ou les vers en ont usé le bois,
Quand la corde rompue a crié sous nos doigts,
Et que les nerfs brisés de la lyre expirante
Sont foulés sous les pieds de la jeune bacchante,
Qu'est devenu le bruit de ces divins accords ?
Meurt-il avec la lyre, et l'âme avec le corps ?... »

Les sages, à ces mots, pour sonder ce mystère,
Baissant leurs fronts pensifs et regardant la terre,
Cherchaient une réponse et ne la trouvaient pas ;
Se parlant l'un à l'autre, ils murmuraient tout bas :
« Quand la lyre n'est plus, où donc est l'harmonie ?... »
Et Socrate semblait attendre son génie.

Sur l'une de ses mains appuyant son menton,
L'autre se promenait sur le front de Phédon,
Et, sur son cou d'ivoire errant à l'aventure,
Caressait, en passant, sa blonde chevelure ;
Puis, détachant du doigt un de ses longs rameaux
Qui pendaient jusqu'à terre en flexibles anneaux,

Faisait sur ses genoux flotter leurs molles ondes,
Ou dans ses doigts distraits roulait leurs tresses blondes,
Et parlait en jouant, comme un vieillard divin
Qui mêle la sagesse aux coupes d'un festin.

—

« Amis, l'âme n'est pas l'incertaine lumière
Dont le flambeau des sens ici-bas nous éclaire :
Elle est l'œil immortel qui voit ce faible jour
Naître, grandir, baisser, renaître tour à tour,
Et qui sent hors de soi, sans en être affaiblie,
Pâlir et s'éclipser ce flambeau de la vie,
Pareille à l'œil mortel qui dans l'obscurité
Conserve le regard en perdant la clarté.

» L'âme n'est pas aux sens ce qu'est à cette lyre
L'harmonieux accord que notre main en tire ;
Elle est le doigt divin qui seul la fait frémir,
L'oreille qui l'entend ou chanter ou gémir,
L'auditeur attentif, l'invisible génie
Qui juge, enchaîne, ordonne et règle l'harmonie,
Et qui des sons discords que rendent chaque sens
Forme au plaisir des dieux des concerts ravissants ;
En vain la lyre meurt et le son s'évapore :
Sur ces débris muets l'oreille écoute encore.
Es-tu content, Cébès ? — Oui, j'en crois tes adieux,
Socrate est immortel ! — Eh bien, parlons des dieux ! »

—

Et déjà le soleil était sur les montagnes,
Et, rasant d'un rayon les flots et les campagnes,

Semblait, faisant au monde un magnifique adieu,
Aller se rajeunir au sein brillant de Dieu ;
Les troupeaux descendaient des sommets du Taygète ;
L'ombre dormait déjà sur les flancs de l'Hymète ;
Le Cythéron nageait dans un océan d'or ;
Le pêcheur matinal, sur l'onde errant encor,
Modérant près du bord sa course suspendue,
Repliait, en chantant, sa voile détendue ;
La flûte dans les bois, et ces chants sur les mers,
Arrivaient jusqu'à nous sur les soupirs des airs,
Et venaient se mêler à nos sanglots funèbres,
Comme un rayon du soir se fond dans les ténèbres.

—

« Hâtons-nous, mes amis, voici l'heure du bain.
Esclaves, versez l'eau dans le vase d'airain !
Je veux offrir aux dieux une victime pure. »
Il dit ; et, se plongeant dans l'urne qui murmure,
Comme fait à l'autel le sacrificateur,
Il puisa dans ses mains le flot libérateur,
Et, le versant trois fois sur son front qu'il inonde,
Trois fois sur sa poitrine en fit ruisseler l'onde ;
Puis, d'un voile de pourpre en essuyant les flots,
Parfuma ses cheveux, et reprit en ces mots :
« Nous oublions le Dieu pour adorer ses traces.
Me préserve Apollon de blasphémer les Grâces,
Hébé versant la vie aux célestes lambris,
Le carquois de l'Amour, ni l'écharpe d'Iris,
Ni surtout de Vénus la brillante ceinture
Qui d'un nœud sympathique enchaîne la nature,
Ni l'éternel Saturne, ou le grand Jupiter,
Ni tous ces dieux du ciel, de la terre et de l'air !

Tous ces êtres peuplant l'Olympe ou l'Élysée
Sont l'image de Dieu par nous divinisée,
Des lettres de son nom sur la nature écrit,
Une ombre que ce Dieu jette sur notre esprit.
A ce titre divin ma raison les adore,
Comme nous saluons le soleil dans l'aurore ;
Et peut-être qu'enfin tous ces dieux inventés,
Cet enfer et ce ciel par la lyre chantés,
Ne sont pas seulement des songes du génie,
Mais les brillants degrés de l'échelle infinie
Qui, des êtres semés dans ce vaste univers,
Sépare et réunit tous les astres divers.
Peut-être qu'en effet, dans l'immense étendue,
Dans tout ce qui se meut, une âme est répandue ;
Que ces astres brillants sur nos têtes semés
Sont des soleils vivants et des feux animés ;
Que l'Océan, frappant sa rive épouvantée,
Avec ses flots grondants roule une âme irritée ;
Que notre air embaumé volant dans un ciel pur
Est un esprit flottant sur des ailes d'azur ;
Que le jour est un œil qui répand la lumière,
La nuit une beauté qui voile sa paupière ;
Et qu'enfin dans le ciel, sur la terre, en tout lieu,
Tout est intelligent, tout vit, tout est un dieu.

» Mais, croyez-en, amis, ma voix prête à s'éteindre :
Par delà tous ces dieux que notre œil peut atteindre,
Il est sous la nature, il est au fond des cieux,
Quelque chose d'obscur et de mystérieux
Que la nécessité, que la raison proclame,

Et que voit seulement la foi, cet œil de l'âme !
Contemporain des jours et de l'éternité !
Grand comme l'infini, seul comme l'unité !
Impossible à nommer, à nos sens impalpable !
Son premier attribut, c'est d'être inconcevable !
Dans les lieux, dans les temps, hier, demain, aujourd'hui,
Descendons, remontons, nous arrivons à lui !
Tout ce que vous voyez est sa toute-puissance,
Tout ce que nous pensons est sa sublime essence !
Force, amour, vérité, créateur de tout bien,
C'est le dieu de vos dieux! c'est le seul ! c'est le mien !...

» — Mais le mal, dit Cébès, qui l'a créé ? — Le crime,
Des coupables mortels châtiment légitime.
Sur ce globe déchu le mal et le trépas
Sont nés le même jour ; Dieu ne les connaît pas !
Soit qu'un attrait fatal, une coupable flamme,
Ait attiré jadis la matière vers l'âme ;
Soit plutôt que la vie, en des nœuds trop puissants
Resserrant ici-bas l'esprit avec les sens,
Les pénètre tous deux d'un amour adultère,
Ils ne sont réunis que par un grand mystère.
Cette horrible union, c'est le mal : et la mort,
Remède et châtiment, la brise avec effort.
Mais, à l'instant suprême où cet hymen expire,
Sur les vils éléments l'âme reprend l'empire,
Et s'envole, aux rayons de l'immortalité,
Au monde du bonheur et de la vérité !

» — Connais-tu le chemin de ce monde invisible?
Dit Cébès ; à ton œil est-il donc accessible ?
— Mes amis, j'en approche ; et pour le découvrir...
— Que faut-il ? dit Phédon. — Être pur et mourir !
Dans un point de l'espace inaccessible aux hommes,
Peut-être au ciel, peut-être aux lieux même où nous sommes,
Il est un autre monde, un Élysée, un ciel,
Que ne parcourent pas de longs ruisseaux de miel,
Où les âmes des bons, de Dieu seul altérées,
D'un nectar éternel ne sont pas enivrées,
Mais où les mânes saints, les immortels esprits,
De leurs corps immolés vont recevoir le prix.
Ni la sombre Tempé, ni le riant Ménale
Qu'enivre de parfums l'haleine matinale,
Ni les vallons d'Hémus, ni ces riches coteaux
Qu'enchante l'Eurotas du murmure des eaux,
Ni cette terre enfin des poëtes chérie
Qui fait aux voyageurs oublier leur patrie,
N'approchent pas encor du fortuné séjour
Où le regard de Dieu donne aux âmes le jour ;
Où jamais dans la nuit ce jour divin n'expire ;
Où la vie et l'amour sont l'air qu'elle respire ;
Où des corps immortels ou toujours renaissants
Pour d'autres voluptés lui prêtent d'autres sens.
— Quoi ! des corps dans le ciel ? la mort avec la vie ?
— Oui, des corps transformés que l'âme glorifie !
L'âme, pour composer ces divins vêtements,
Cueille en tout l'univers la fleur des éléments :
Tout ce qu'ont de plus pur la vie et la matière,
Les rayons transparents de la douce lumière,
Les reflets nuancés des plus tendres couleurs,
Les parfums que le soir enlève au sein des fleurs,

Les bruits harmonieux que l'amoureux Zéphire
Tire au sein de la nuit de l'onde qui soupire,
La flamme qui s'exhale en jets d'or et d'azur,
Le cristal des ruisseaux roulant dans un ciel pur,
La pourpre dont l'aurore aime à teindre ses voiles,
Et les rayons dormants des tremblantes étoiles,
Réunis et formant d'harmonieux accords,
Se mêlent sous ses doigts et composent son corps ;
Et l'âme, qui jadis esclave sur la terre
A ses sens révoltés faisait en vain la guerre,
Triomphante aujourd'hui de leurs vœux impuissants,
Règne avec majesté sur le monde des sens,
Pour des plaisirs sans fin, sans fin les multiplie,
Et joue avec l'espace et les temps et la vie !

—

» Tantôt, pour s'envoler où l'appelle un désir,
Elle aime à parfumer les ailes d'un zéphyr,
D'un rayon de l'iris en glissant les colore ;
Et du ciel aux enfers, du couchant à l'aurore,
Comme une abeille errante, elle court en tout lieu
Découvrir et baiser les ouvrages de Dieu.
Tantôt au char brillant que l'aurore lui prête
Elle attelle un coursier qu'anime la tempête ;
Et, dans ces beaux déserts de feux errants semés,
Cherchant ces grands esprits qu'elle a jadis aimés,
De soleil en soleil, de système en système,
Elle vole et se perd avec l'âme qu'elle aime,
De l'espace infini suit les vastes détours,
Et dans le sein de Dieu se retrouve toujours !

—

» L'âme, pour soutenir sa céleste nature,
N'emprunte pas des corps sa chaste nourriture;
Ni le nectar coulant de la coupe d'Hébé,
Ni le parfum des fleurs par le vent dérobé,
Ni la libation en son honneur versée,
Ne sauraient nourrir l'âme : elle vit de pensée,
De désirs satisfaits, d'amour, de sentiments,
De son être immortel immortels aliments.
Grâce à ces fruits divins que le ciel multiplie,
Elle soutient, prolonge, éternise sa vie,
Et peut, par la vertu de l'éternel amour
Multiplier son être et créer à son tour.

» Car, ainsi que les corps, la pensée est féconde.
Un seul désir suffit pour peupler tout un monde;
Et, de même qu'un son par l'écho répété,
Multiplié sans fin, court dans l'immensité,
Ou comme en s'étendant l'éphémère étincelle
Allume sur l'autel une flamme immortelle :
Ainsi ces êtres purs l'un vers l'autre attirés,
De l'amour créateur constamment pénétrés,
A travers l'infini se cherchent, se confondent,
D'une éternelle étreinte, en s'aimant, se fécondent,
Et, des astres déserts peuplant les régions,
Prolongent dans le ciel leurs générations.
O célestes amours! saints transports! chaste flamme!
Baisers où sans retour l'âme se mêle à l'âme,
Où l'éternel désir et la pure beauté
Poussent en s'unissant un cri de volupté!
Si j'osais!... » Mais un bruit retentit sous la voûte ;

Le sage interrompu tranquillement écoute,
Et nous vers l'occident nous tournons tous les yeux :
Hélas! c'était le jour qui s'enfuyait des cieux!

—

. . . .
. . . .
En détournant les yeux, le serviteur des Onze
Lui tendait le poison dans la coupe de bronze.
Socrate la reçut d'un front toujours serein,
Et, comme un don sacré l'élevant dans sa main,
Sans suspendre un moment sa phrase commencée,
Avant de la vider acheva sa pensée

—

. . . .
« Offrons, offrons d'abord aux maîtres des humains
De l'immortalité cette heureuse prémice! »
Il dit; et, vers la terre inclinant le calice,
Comme pour épargner un nectar précieux,
En versa seulement deux gouttes pour les dieux,
Et, de sa lèvre avide approchant le breuvage,
Le vida lentement sans changer de visage,
Comme un convive, avant de sortir d'un festin,
Qui dans sa coupe d'or verse un reste de vin,
Et, pour mieux savourer le dernier jus qu'il goûte,
L'incline lentement et le boit goutte à goutte.
Puis, sur son lit de mort doucement étendu,
Il reprit aussitôt son discours suspendu:

—

« Espérons dans les dieux, et croyons-en notre âme !
De l'amour dans nos cœurs alimentons la flamme !
L'amour est le lien des dieux et des mortels ;
La crainte ou la douleur profanent leurs autels.
Quand vient l'heureux signal de notre délivrance,
Amis, prenons vers eux le vol de l'espérance !
Point de funèbre adieu ! point de cris ! point de pleurs !
On couronne ici-bas la victime de fleurs :
Que de joie et d'amour notre âme couronnée
S'avance au-devant d'eux comme à son hyménée !
Ce sont là les festons, les parfums précieux,
Les voix, les instruments, les chants mélodieux,
Dont l'âme, convoquée à ce banquet suprême,
Avant d'aller aux dieux, doit s'enchanter soi-même !

―

» Relevez donc ces fronts que l'effroi fait pâlir !
Ne me demandez plus s'il faut m'ensevelir ;
Sur ce corps qui fut moi quelle huile on doit répandre ;
Dans quel lieu, dans quelle urne il faut garder ma cendre.
Qu'importe à vous, à moi, que ce vil vêtement
De la flamme ou des vers devienne l'aliment !
Qu'une froide poussière, à moi jadis unie,
Soit balayée aux flots ou bien aux gémonies !
Ce corps vil, composé des éléments divers,
Ne sera pas plus moi qu'une vague des mers,
Qu'un feuille des bois que l'aquilon promène,
Qu'un atome flottant qui fut argile humaine,
Que le feu du bûcher dans les airs exhalé,
Ou le sable mouvant dans vos chemins foulé.

» Mais je laisse en partant à cette terre ingrate
Un plus noble débris de ce que fut Socrate :
Mon génie à Platon ! à vous tous mes vertus !
Mon âme aux justes Dieux ! ma vie à Mélitus,
Comme au chien dévorant qui sur le seuil aboie,
En quittant le festin, on jette aussi sa proie !... »

Tel qu'un triste soupir de la rame et des flots
Se mêle sur les mers aux chants des matelots,
Pendant cet entretien une funèbre plainte
Accompagnait sa voix sur le seuil de l'enceinte:
Hélas ! c'était Myrto demandant son époux,
Que l'heure des adieux ramenait parmi nous.
L'égarement troublait sa démarche incertaine,
Et, suspendus aux plis de sa robe qui traîne,
Deux enfants, les pieds nus, marchant à ses côtés,
Suivaient en chancelant ses pas précipités.
Avec ses longs cheveux elle essuyait ses larmes;
Mais leur trace profonde avait flétri ses charmes;
Et la mort sur ses traits répandait sa pâleur :
On eût dit qu'en passant, l'impuissante douleur,
Ne pouvant de Socrate atteindre la grande âme,
Avait respecté l'homme et profané la femme.
De terreur et d'amour saisie à son aspect,
Elle pleurait sur lui dans un tendre respect :
Telle, aux fêtes du dieu pleuré par Cythérée,
Sur le corps d'Adonis la bacchante éplorée,
Partageant de Vénus les divines douleurs,
Réchauffe tendrement le marbre de ses pleurs,

De sa bouche muette avec respect l'effleure,
Et paraît adorer le beau dieu qu'elle pleure.

—

Socrate, en recevant ses enfants dans ses bras,
Baisa sa joue humide et lui parla tout bas :
Nous vîmes une larme, et ce fut la dernière,
Sous ses cils abaissés rouler dans sa paupière.
Puis d'un bras défaillant offrant ses fils au dieux :
« Je fus leur père ici, vous l'êtes dans les cieux!
Je meurs, mais vous vivez! veillez sur leur enfance!
Je les lègue, ô dieux bons, à votre providence!... »

—

Mais déjà le poison dans ses veines versé
Enchaînait dans son cours le flot du sang glacé :
On voyait vers le cœur, comme une onde tarie,
Remonter pas à pas la chaleur et la vie,
Et ses membres roidis, sans force et sans couleur,
Du marbre de Paros imitaient la pâleur.
En vain Phédon, penché sur ses pieds qu'il embrasse,
Sous sa brûlante haleine en réchauffait la glace,
Son front, ses mains, ses pieds, se glaçaient sous nos doigts :
Il ne nous restait plus que son âme et sa voix!
Semblable au bloc divin d'où sortit Galatée
Quand une âme immortelle à l'Olympe empruntée,
Descendant dans le marbre à la voix d'un amant,
Fait palpiter son cœur d'un premier sentiment,
Et qu'ouvrant sa paupière au jour qui vient d'éclore,
Elle n'est plus un marbre et n'est pas femme encore.

—

Était-ce de la mort la pâle majesté,
Ou le premier rayon de l'immortalité?
Mais son front rayonnant d'une beauté sublime
Brillait comme l'aurore aux sommets de Didyme,
Et nos yeux, qui cherchaient à saisir son adieu,
Se détournaient de crainte et croyaient voir un dieu!
Quelquefois l'œil au ciel il rêvait en silence;
Puis, déroulant les flots de sa sainte éloquence,
Comme un homme enivré du doux jus du raisin
Brisant cent fois le fil de ses discours sans fin,
Ou comme Orphée errant dans les demeures sombres,
En mots entrecoupés il parlait à des ombres.

« Courbez-vous, disait-il, cyprès d'Académus!
Courbez-vous, et pleurez, vous ne le verrez plus!
Que la vague, en frappant le marbre du Pirée,
Jette avec son écume une voix éplorée!
Les dieux l'ont rappelé! ne le savez-vous pas?
Mais ses amis en deuil, où portent-ils leurs pas?...
Voilà Platon, Cébès, ses enfants et sa femme!
Voilà son cher Phédon, cet enfant de son âme!
Ils vont d'un pas furtif, aux lueurs de Phébé,
Pleurer sur un cercueil aux regards dérobé,
Et, penchés sur mon urne, ils paraissent attendre
Que la voix qu'ils aimaient sorte encor de ma cendre.
Oui, je vais vous parler, amis, comme autrefois,
Quand penchés sur mon lit vous aspiriez ma voix!...
Mais que ce temps est loin! et qu'une courte absence
Entre eux et moi, grands dieux, a jeté de distance!
Vous qui cherchez si loin la trace de mes pas,

evez les yeux, voyez!... Ils ne m'entendent pas!
Pourquoi ce deuil? pourquoi ces pleurs dont tu t'inondes?
Épargne au moins, Myrto, tes longues tresses blondes [1];
Tourne vers moi tes yeux de larmes essuyés :
Myrto, Platon, Cébès, amis!... si vous saviez!...

—

» Oracles, taisez-vous! tombez, voix du Portique!
Fuyez, vaines lueurs de la sagesse antique!
Nuages colorés d'une fausse clarté,
Évanouissez-vous devant la vérité!
D'un hymen ineffable elle est prête d'éclore;
Attendez... Un, deux, trois... quatre siècles encore,
Et ses rayons divins qui partent des déserts
D'un éclat immortel rempliront l'univers!
Et vous, ombres de Dieu qui nous voilez sa face,
Fantômes imposteurs qu'on adore à sa place,
Dieux de chair et de sang, dieux vivants, dieux mortels,
Vices déifiés sur d'immondes autels,
Mercure aux ailes d'or, déesse de Cythère,
Qu'adorent impunis le vol et l'adultère;
Vous tous grands et petits, race de Jupiter,
Qui peuplez, qui souillez les eaux, la terre et l'air,
Encore un peu de temps, et votre auguste foule,
Roulant avec l'erreur de l'Olympe qui croule,
Fera place au Dieu saint, unique, universel,
Le seul Dieu que j'adore et qui n'a point d'autel!...

—

[1]. Socrate eut deux femmes, Xantippe et Myrto.

. . . .
. . . .
» Quels secrets dévoilés!... quelle vaste harmonie !...
. . . .
. . . .
Mais qui donc étais-tu, mystérieux génie?
Toi qui, voilant toujours ton visage à mes yeux,
M'as conduit par la voix jusqu'aux portes des cieux?
Toi qui, m'accompagnant comme un oiseau fidèle,
Caresse encor mon front du doux vent de ton aile,
Es-tu quelque Apollon de ce divin séjour,
Ou quelque beau Mercure envoyé par l'Amour?
Tiens-tu l'arc, ou la lyre, ou l'heureux caducée?
Ou n'es-tu, réponds-moi, qu'une simple pensée?...
Ah! viens, qui que tu sois, esprit mortel ou dieu!
Avant de recevoir mon éternel adieu,
Laisse-moi découvrir, laisse-moi reconnaître
Cet ami qui m'aima même avant que de naître !
Que je puisse, en touchant au terme du chemin,
Rendre grâce à mon guide et pleurer sur sa main.
Sors du voile éclatant qui te dérobe encore!
Approche!... Mais que vois-je, ô Verbe que j'adore!
Rayon coéternel, est-ce vous que je vois?...
Voilez-vous, ou je meurs une seconde fois!

—

. . . .
. . . .
» Heureux ceux qui naîtront dans la sainte contrée
Que baise avec respect la vague d'Érythrée !
Ils verront les premiers, sur leur pur horizon,
Se lever au matin l'astre de la raison.

Amis, vers l'Orient tournez votre paupière :
La vérité viendra d'où nous vient la lumière !
Mais qui l'apportera?... C'est toi, Verbe conçu !
Toi, qu'à travers les temps mes yeux ont aperçu ;
Toi, dont par l'avenir la splendeur réfléchie
Vient m'éclairer d'avance au sommet de la vie.
Tu viens, tu vis, tu meurs d'un trépas mérité !
Car la mort est le prix de toute vérité.
Mais ta voix expirante en ce monde entendue
Comme la mienne, au moins, ne sera pas perdue.
La voix qui vient du ciel n'y remontera pas ;
L'univers assoupi t'écoute et fait un pas ;
L'énigme du destin se révèle à la terre !
. . . .
Quoi ! j'avais soupçonné ce sublime mystère !
Nombre mystérieux ! profonde trinité !
Triangle composé d'une triple unité !
Les formes, les couleurs, les sons, les nombres même,
Tout me cachait mon Dieu ! tout était son emblème !
Mais les voiles enfin pour moi sont révolus ;
Écoutez!... » Il parlait, nous ne l'entendions plus !

Cependant dans son sein son haleine oppressée,
Trop faible pour prêter des sons à sa pensée,
Sur sa lèvre entr'ouverte, hélas ! venait mourir
Puis semblait tout à coup palpiter et courir :
Comme, prêt à s'abattre aux rives paternelles,
D'un cygne qui se pose on voit battre les ailes ;
Entre les bras d'un songe il semblait endormi.
L'intrépide Cébès penché sur notre ami,

Rappelant dans ses yeux l'âme qui s'évapore,
Jusqu'au bord du trépas l'interrogeait encore :
« Dors-tu ? lui disait-il ; la mort est-ce un sommeil ?
Il recueillit sa force et dit : « C'est un réveil !
— Ton œil est-il voilé par des ombres funèbres ?
— Non ; je vois un jour pur poindre dans les ténèbres !
— N'entends-tu pas des cris, des gémissements ? — Non ;
J'entends des astres d'or qui murmurent un nom !
— Que sens-tu ? — Ce que sent la jeune chrysalide
Quand, livrant à la terre une dépouille aride,
Aux rayons de l'aurore ouvrant ses faibles yeux,
Le souffle du matin la roule dans les cieux.
— Ne nous trompais-tu pas ? réponds : l'âme était-elle ?...
— Croyez-en ce sourire, elle était immortelle !...
— De ce monde imparfait qu'attends-tu pour sortir ?
— J'attends, comme la nef, un souffle pour partir !
— D'où viendra-t-il ? — Du ciel ! — Encore une parole !
— Non ; laisse en paix mon âme, afin qu'elle s'envole ! »

. . . .

Il dit, ferma les yeux pour la dernière fois,
Et resta quelque temps sans haleine et sans voix.
Un faux rayon de vie errant par intervalle
D'une pourpre mourante éclairait son front pâle.
Ainsi, dans un soir pur de l'arrière-saison,
Quand déjà le soleil a quitté l'horizon,
Un rayon oublié des ombres se dégage,
Et colore en passant les flancs d'or d'un nuage.
Enfin plus librement il semble respirer,
Et, laissant sur ses traits son doux sourire errer :
« Aux dieux libérateurs, dit-il, qu'on sacrifie !
Ils m'ont guéri ! — De quoi ? dit Cébès. — De la vie !... »

Puis un léger soupir de ses lèvres coula,
Aussi doux que le vol d'une abeille d'Hybla.
Était-ce?... je ne sais; mais, pleins d'un saint dictame,
Nous sentîmes en nous comme une seconde âme!...

—

. . . .
. . . .
. . . .
. . . .
. . . .

Comme un lis sur les eaux et que la rame incline,
Sa tête mollement penchait sur sa poitrine ;
Ses longs cils, que la mort n'a fermés qu'à demi,
Retombant en repos sur son œil endormi,
Semblaient, comme autrefois, sous leur ombre abaissée,
Recueillir le silence, ou voiler la pensée ;
La parole surprise en son dernier essor
Sur sa lèvre entr'ouverte, hélas! errait encor,
Et ses traits où la vie a perdu tout empire
Étaient comme frappés d'un éternel sourire!...
Sa main, qui conservait son geste habituel,
De son doigt étendu montrait encor le ciel ;
Et quand le doux regard de la naissante aurore,
Dissipant par degrés les ombres qu'il colore,
Comme un phare allumé sur un sommet lointain,
Vint dorer son front mort des ombres du matin,
On eût dit que Vénus, d'un deuil divin suivie,
Venait pleurer encor sur son amant sans vie ;
Que la triste Phébé de son pâle rayon
Caressait, dans la nuit, le sein d'Endymion ;

Ou que du haut du ciel l'âme heureuse du sage
Revenait contempler le terrestre rivage,
Et, visitant de loin le corps qu'elle a quitté,
Réfléchissait sur lui l'éclat de sa beauté,
Comme un astre bercé dans un ciel sans nuage
Aime à voir dans les flots briller sa chaste image.
. . . .
. . . .
. . . .
. . . .

On n'entendait autour ni plainte, ni soupir...
C'est ainsi qu'il mourut, si c'était là mourir !

FIN

TABLE DES MATIÈRES

Avis des Éditeurs.................................... 1
    I. Hymne de l'enfant à son réveil.............. 1
   II. Jeu d'enfant................................ 4
  III. Une journée dans les champs................ 5
  IV. La Gloire, à un poëte exilé................. 7
   V. Le Lézard sur les ruines de Rome........... 10
  VI. L'Automne.................................. 11
 VII. L'Immortalité.............................. 13
VIII. La Fenêtre de la maison paternelle........... 16
  IX. La Prière.................................. 17
   X. La Source dans les bois.................... 21
  XI. L'Homme, à lord Byron...................... 28
 XII. Le Pèlerinage d'Harold (introduction)....... 40
XIII. La Grèce.................................... 43
XIV. Homère...................................... 45

XV.	Une nuit à Gênes........................	47
XVI.	Paysage dans le golfe de Gênes..........	48
XVII.	Ferrare, improvisé en sortant du cachot du Tasse...............................	60
XVIII.	Milly, ou la terre natale................	61
XIX.	Invocation...........................	72
XX.	Réponse aux Adieux de sir Walter Scott à ses lecteurs...............................	78
XXI.	Jéhovah	92
XXII.	Le Chêne.............................	99
XXIII.	L'Idée de Dieu	104
XXIV.	Les Adieux à la patrie	107
XXV.	Salut à l'île d'Ischia...................	111
XXVI.	Invocation d'Harold mourant	112
XXVII.	L'Infini dans les cieux..................	115
XXVIII.	L'Infini dans un rayon de soleil..........	123
XXIX.	Paysages dans les Alpes................	124
XXX.	Les Laboureurs.......................	132
XXXI.	Un village dans les Alpes..............	144
XXXII.	Éternité de la nature, brièveté de l'homme.	149
XXXIII.	Le Tisserand (récit)....................	153
XXXIV.	Encore un hymne......................	163
XXXV.	Souvenir d'enfance, ou la vie cachée......	166
XXXVI.	Les Amis disparus.....................	173
XXXVII.	Le Chien du solitaire, retour au foyer désert.	174
XXXVIII.	Aux chrétiens, dans les temps d'épreuve...	178

XXXIX.	Migration d'une tribu de pasteurs........	182
XL.	A Némésis.........................	183
XLI.	L'Église du village..................	187
XLII.	La Cloche du village................	190
XLIII.	Une dernière visite.................	195
XLIV.	La Vie champêtre...................	200
XLV.	Pensée des morts...................	203
XLVI.	Hymne au Christ	211
XLVII.	La Mort de Socrate.................	215

FIN DE LA TABLE DES MATIÈRES

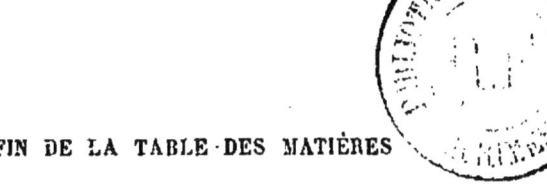

BOURLOTON. — Imprimeries réunies, **A**, rue Mignon, Paris.

www.ingramcontent.com/pod-product-compliance
Lightning Source LLC
Chambersburg PA
CBHW070642170426
43200CB00010B/2098